C. G. Franckenstein

H. G. D. C. Francopolitae

Wahrer Bericht von dem alten Königreich Lothringen

C. G. Franckenstein

H. G. D. C. Francopolitae
Wahrer Bericht von dem alten Königreich Lothringen

ISBN/EAN: 9783743624221

Hergestellt in Europa, USA, Kanada, Australien, Japan

Cover: Foto ©ninafisch / pixelio.de

Weitere Bücher finden Sie auf **www.hansebooks.com**

H. G. D. C.

FRANCOPOLITÆ

Wahrer Bericht

Von dem

Alten Königreich

und

Klarer Beweis/

daß die von Frankreich ersonnene Ober-Rheinische Dependentien / sich nothwendig über das ganze Hoch- und Nieder-Teutschland/ diß- und jenseits Rheins/ mit begriffen die Schweitz und vereinigte Niederland/ wie auch über einig benachbarte Königreich und Länder erstrecken;

Oder aber

Der Rheinstrom/ und was jenseit desselben/ dem Reich Zugehöriges/ gelegen/ durch unverlängte kräfftige Gegenmittel müsse gerettet werden.

Gedruckt im Jahr Christi 1682.

Wahrer Bericht
Von dem
Alten Königreich Austrasien.

GLeichwie keinem würde mißdeutet werden / der bey einreissender Feuers-Noth / gegen welche er / weder mit eigener Hand-Anlegung / noch mit Anordnen oder gebieten Hülffe zu leisten wüste / wenigst andere dahin aufzumuntern / zumalen die jenige / so sich der Gefahr noch weit entlegen schätzen / mit Fürstellung ihres besorglichen eigenen / ob zwar etwan noch unvermeinten Untergangs zu der Gegenwehr anzufrischen geflissen wäre: Also hoffe Ich / solle auch mir nicht zu verüblen seyn / wann ich / zu Rettung deß Nothleidenden / und auf die Schwelle seiner gänzlichen Ruin geführten Vatterlandes / die Feder ergreiffe; sintemal mein anderwertiger Beruff und ganze Lebens-Beschaffenheit / demselben meine schuldige Pflicht in bessere Wege zu erstatten / mir dermalen nicht gönnen wollen. Dann ein Grund-verderbliches Feuer aus Westen / hat sich leider! unlängst gegen unser Teutschland erhoben / dessen man eine Zeit her nicht so unwissend / als unbesorgt gelebet. Dieses schlägt nun allbereit über unsern Häuptern zusammen / und ergreiffet auch die höchste Spitzen unserer ansehnlichsten Gebäu. Solchem Unheil fürzubrechen / wolte man sich neulich bereden / ob würden die entzwischen gebrachte Friedens-Bedinge das erkleckliche Mittel beygeschaffet haben. Deren widersinnige Verdrehungen aber / und die mithin erfolgte Miß-Vergnügungen und Trennungen der Gemüter / legen im leidigen Erfolge zu Tag / wie wenig ein solches Feuer sich durch bloses Wort-Sprechen bestricken lasse. So gar scheinet / das darüber verbrauchte Papier denen Flammen nur mehrere Nahrung gegeben zu haben. Anjetzo da das Ubel einer mittelmässigen Gegenwehr allschon entwachsen / gewinnet es das Ansehen / ob wolle bey einigen der schädliche Irrwahn einschleichen / es würde die Gewalt solcher Brunst in dem tieffen Gewässer deß Rheins von selbsten erlöschen / und die begierige Verschling-Sucht dieses Raub-Thiers mit deme / was jenseit ligt / zu ersättigen seyn. Nun sind aber solche / zu diesen unsern Tagen / dergestalt verächtlich in die Ausgab gesetzte Ober-Rheinische Reichs-Länder die jenige / so denen Urhebern deß noch währenden Teutschen Reiches jenen dapfferen Franken / unsern Voreltern / bald Anfangs / als ihr anderes Vatterland und zweyter Helmsitz gefallen; in Ansehung dessen sie / nechst der alten Franken ursprünglichen Sitze dißseits Rheins / gleichsam für das erste und älteste Erbgut unsers Teutsch-Fränkischen

schen Königreichs zu halten seynd. Es sind die jenige / so denen mächtigsten Teutsch-Fränckischen König und Käisern Carolo M. und Ludovico Pio zu ihrem und der Fränkischen Monarchie Haupt-Sitz und Hof-Läger beliebet. Die jenige / worauf nach der zwischen den Kindern dieses Ludovici Pii Anno 844. getroffenen grossen Reichs-Theilung der wahre Character deß eigentlichen Fränkischen Königreichs verblieben ist. Die jenige / von denen zwar durch sothane Theilung das dißseitige Teutsche Franken eine Zeitlang getrennet gewesen / bald aber theils durch rechtmässigen Erbfall / theils durch wol-befügte Waffen / von neuen zusammen gerathen / und Teutschland dadurch zu den wahren Wesen deß Fränkischen Reichs widerum gefödert worden. Die jenige sage ich / so von unsern alten Helden-müthigen Welt-gepriesenen Fränkischen und Sächsischen König und Kaisern / denen Ludovicis Germanico und Francico, als Vatter und Sohn / Carolo Crasso, Arnolpho, Henrico Aucupe, Ottone dem ersten / zweyten und dritten / und Henrico Sancto, fast anderthalb hundert Jahr lang gegen die Gallier / oder damalige West-Franken / nunmehr Franzosen / mit Hülff unsere Voreltern / ritterlich entweder erstritten oder verfochten worden. Endlich die jenige / so darauf etlich hundert Jahr durch / für den besten und kräfftigsten Kern / und gleichsam den Augapffel deß Teutschen Reichs angesehen und gehalten worden. Was nun aber es für eine Unart seyn wolte / ein so theuer erworbenes und von unsern Vorfahren so hoch gehaltenes Pfand / fremdem Joch so muth- als gutwillig erst zu diesen unsern Zeiten zu überlassen / wann auch gleich nichts / als die blose Rettung Teutscher Ehren und Nahmens das Gegentheil einrathen solte: davon zu urtheilen / solten billich vorbenamete unser alte König und Helden / mit ihren treuen Gehülffen sich wiederum aus ihren Gräben herfür machen / und uns / ihren ungerathenen / Nachkommen das Recht und Urtheil fällen. Ich aber will mit Beyseitsetzung / wie unverantwortlich und schmählich für aller Welt / und zumal für der lieben Posterität / solches fallen würde / versuchen / ob wenigst durch eine nähere Fürstellung obhangender selbstaigener unvermeidlicher Grund-Verderbnis ein anderer Sinn hinein zu bringen. Ich will ganz klar auf den Teppich legen / daß das bekannte um sich fressende Dependentien-Feuer / nicht der Art und Beschaffenheit sey / daß es sich durch die / ob gleich noch so Wasser-reiche Fluten deß Rheins dämpffen lasse; sondern daß die Brücken all schon gebauet / über welche es lauffen / auch dißseitige Länder ergreiffen / und selbige in Hinterbleibung kräfftiger und eiliger Rettung / weniger nicht als den Rheinstrom aufzehren werde. Es wird sich dannenher die Noth-Folge ganz greifflich ergeben / daß nicht nur die Donau / sondern auch die Weser / Elbe und Oder / ihre Wasser herleihen / und dem noth'leidenden Rhein zu Hülffe schicken / oder gewärtig seyn müssen / solche gefressige Flamm mit dem Nechsten auch auf ihren eigenen Ufern zu prüfen. Solchen meinen Fürsatz zu bewerkstelligen / will ich darthun / daß das dem Namen nach so bekannte Austrasien / in der That selbsten bey vielen noch sehr unbekandt sey / und von unvergleichlich mehrer Erstreckung gewesen / als der gemeine Wahn mit sich bringet; daß auch seine Gränzen ganz irrige

ger

Rheins geleget werden; sondern daß es dabey das gantze
zwischen den Alpen und der Teutschen See / bis an die Un-
Böhmer-Wald und die Elbe begriffen; wie auch daß die
en Königs Ministerio neulich auf die Bahn gebrachte De-
lehen sollen/sich nicht weniger auf sothanes Austrasien/ als
einische erstrecken/ weiters auch durch eine bey denen Fran-
die Länder über der Elbe und dem Böhmer-Gebürg bis an
/ so gar auch andere benachbarte Königreiche und Länder
. Ich bediene mich hierzu meiner Teutschen Mutter-Spra-
ch meinen Teutschen Landes-Leuten / sowol Gelehrten als
hen seyn: damit alle erkennen mögen / daß der jenige nichts
mte Teutschland fordere / welcher Austrasien zu forderen/
iesse. Keiner Schutz-Schrifft achte ich mich gegen die jenige
nwerffen möchten/ob würde hiedurch denen ohne dem weit-
Frantzösischen Monarchie/ nach ihrem Wunsch nur so viel
ten Zeugs und Farbe zugespielt/ihr gewaltthätiges Fürha-
n. Dann ja hoffentlich niemand sich bereden wird/ ob sinde
apier gebracht / so in dem Frantzösischen geheimen Cabinet
mit grossen Buchstaben ordentlich aufgezeichnet lige/ und
d nach unter allerhand Schein-Gründen damit herfür zu
te Gelegenheit erleiden wolle. Dann gewißlich/ wo von die-
ankreich etwas übergehet / da dörffte ich und meines glei-
zeigen allbereit die mannigfaltige ohne einigen Lehrmeister
Tag gedrungene Dependenzen deß Bistums Metz/ und der
ob die Frantzosen Teutscher Anweisung und Handleitung
nnenhero wann unsere Wolfart und Freyheit ihre Erhal-
en übersehen zu danken haben solte / so kan man sicherlich
von nun an mit selbigen geschehen. Es wolle sich demnach
dieser mein Bericht von dem alten Königreich Austrasien
pendentien einen sonst etwan hinterbliebenen Zuwachs ge-
heil verhoffe ich/er solle/massen mein einiger Zweck ist/ meinen zu geben/daß das in dem Dependentien-Kram befind-
t nur seinen äusserlichen/sondern auch denen allerinnersten
ines Leibes zuvermeinet sey / und daß derowegen alle Edel-
n/durch das weite Feld/so dem Scheine nach denen Fran-
hierdurch gegeben wird / sich nicht ärger / sondern vielmehr
h und sorgsamern Fleiß dem angedroheten Untergang vor-
dertige Treuhertzige Kundmachung deß nahen Unheils mit
wissen werden. Sintemal ich auch an einem Ort schreibe/
nd der Oder gelegen: so achte ich unnöthig auszudrücken/
nseit Rheins wolle verstanden haben. Hiemit nun schreite

Cap. I.

I. Auster, Austria, Austrasia, seynd drey bey denen alten Teutschen und Fränkischen Geschicht-Schreibern sehr übliche / bey fremden auch nicht so gar seltzame Namen. Sie stimmen aber nicht ihrem äusserlichen Laut nach her / von dem Lateinischen Auster, welches im Teutschen den Süd-Wind / oder auch den Süder-Theil der Welt ausdrucket / sondern von dem uralten Teutschen Wurtzel-Wort / Ost oder Oost / so von denen Franco-Gallis Aust. geschrieben worden. Diesem stellen sich in der Deutung an die Seiten / die fast nicht weniger gebräuchliche Wörter / Neuster, Neustria, Neustrasia, die sich von dem gleichfalls uralten Teutschen Nuist / Nuest / oder Westen her geschrieben. Es führen aber die Nahmen Auster, Austria, Austrasia, alle drey gleiche Bedeutung / wurden auch bey denen Alten ohne Unterscheid einer für den andern genommen / allermassen in der Epitome Gregorii Turonensis ein einiger König Dagobertus gantz kurtz auf einander / für einen König in Auster, Austria und der Austrasier gepriesen wird. (a)

Wiewol endlich an statt aller drey bey denen Franken zwar Austrasia, bey denen Bayrn aber Austria in Ubung geblieben. Und kurtz davon zu reden: so hiessen sie bey denen alten Franken so viel als Regnum Orientale, auf gut Teutsch / Oesterreich / in specie zwar Francia Orientalis, das Fränkische Oesterreich / oder der Orientalische Theil deß gesamten allgemeinen Fränkischen Reichs und Gebiets; wird jedoch sonsten auch zuweilen anderer Königreich oder auch der Fränkischen Hertzogthum gegen der Sonnen Aufgang hinaus schauenden Theilen zugeeignet; allermassen die zwischen Weser und Elb gesessene Sachsen öffters zwar Osphälinger / zu Zeiten aber auch Saxones Austrasii genennet zu finden. (b)

Und das noch heut zu Tag / und ob GOtt will immerhin blühende edle Ertz-Hertzogthum Oesterreich / es mögen andere davon wähnen was sie wollen / führet solche seine Benennung im Lateinischen wie im Teutschen / aus keinem andern Grund / als um willen es der Oster- oder Orientalische Theil deß bald unter Königlicher / bald unter Hertzoglicher Würde erschienen Bayern (dessen das heutige Bayerland nur ein mittelmässiger Theil ware) gewesen ist / und anfänglich die Ostermark / Marchia Australis, begrüsset worden. So gar ist auch bey denen Longobarden der Austrasische Nam in Würde gestanden. Gleiche Beschaffenheit hat es nicht weniger im Gegentheil / mit dem Verstand der Wörter Neuster, Neustria, Neustrasia, so auf gut Teutsch nichts anders / als ein Westerreich / oder den Wester- und gegen der Sonnen Niedergang gelegenen Theil eines Reichs vorgestellet. (c)

(a) *Cap. 41. & 42.*

(b) *Monumenta Paderbornensia sub Monum. Bocæ pag. mihi 144. citant ex annal. Francorum Canisianis sequentia:* Similiter inde jam revertente mitissimo Domino Rege, venerunt Angarii in pago, qui dicitur Bucki, unà cum Brunone & reliquis optimatibus, & dederunt ei obsides, sicut Austrasii. *Ne verò quis ambigendi locus sit, veniantne isti Austrasii Saxonibus annumerandi, providerunt optimè Rhegino in Chron: & annales Francici apud Reuberum, ad An. 775: Ille ait:* Simul eo revertente

nte venerunt Ungarii in pagum, qui dicitur Buckhi, unà cum Brunone Duce rum, & fecerunt ficut ORIENTALES SAXONES fecerant. Hi verò: Inde verfus cum in pagum, qui Buchi vocatur, perveniſſet, Angarii cum ſuis Primo-bus ei occurrerunt, & ſicut Oſtphali, juxta quod Rex imperaverat, obſides & cramenta dederunt.

(c) *Sic Edictum Regis Rachis in legibus Longobardis:* Ego divino auxilio etus Rachis, præcellentiſſimus & eximius Princeps, anno Regni mei, XI. die alendarum Martiarum Indict. XIV. dum cum gentis noſtræ, id eſt, Longobar-orum judicibus tàm de AUSTRIÆ, quàm Thuſciæ vel Neuſtriæ finibus &c.

II.

Ob nun zwar jetztgemeldter Maſſen Auſtraſien ſeinen Namen allezeit einem rientaliſchen Theil eines Reichs in ſpecie, deß Fränkiſchen verliehen: ſo wurde jedennoch in dieſem Verſtand bey den Franken auf dreyerley Art genommen. nd erſtlich zwar/ wurde durch eine gewiſſe einmal beliebte/ und hernach bey allen ürfällen in Ubung behaltene Scheidlinien das Fränkiſche Reich in zwey Haupt-heil unterſchieden/ deren das gegen Aufgang/ wie geſagt/ Auſtraſia, das gegen Niedergang Neuſtria benamet worden. Ein jedes dieſer beyden begriffe unter ſich cht nur Fränkiſche Herkömmling oder Einſaſſen; ſondern auch andere zu Fränki-er Bottmäſſigkeit gebrachte Völker und Länder/ als Auſtraſien/ die Schwaben/ ayern/ Thüringer/ Sachſen/ Frieſen; Neuſtrien die Burgunder/ Britannier/ aſconier/ Langedocker/ ꝛc. Zum andern/ wurde ſolcher Name mit weit mehrer inſchrenkung als in vorigem Wege/ ſpecialiter zugeeignet einer ſonderbaren in m Orientaliſchen deß Fränkiſchen Reichs gelegenen Landſchafft; gleichwie auf en ſolche Art auch in dem Weſter-Theil deß Reichs eine ſonderbare Landſchafft ter dem Namen Neuſtria begriffen worden. Sothane beyderley Länder waren ſpecie alſo genennet/ um wellen die Franken in denſelben ſich mehr als in andern rten Teutſchlands oder Galliens niedergelaſſen hatten/ demnach ſolche Namen chts anders ſagen wolten/ als Oſt-Franken und Weſt-Franken/ weilen deren nnwohner faſt durchgehend/ entweder von urſprünglicher Abkunfft/ oder wegen rliehenen Fränkiſchen Reichs- und Burgerrechts/ ſich als wahre Franken legiti-iren können. Drittens/ und in dem weitläufftigſten Verſtand von allen/ wurde uſtraſiens Benamung mitgetheilet einem gewiſſen Fränkiſchen Königreich/ deß n fürnemſte Theil jetzt-gedachte beyderley Auſtraſien geweſen/ von welchen/ ei-ntlich zu reden/ wir allhier unſere Angelegenheit ſeyn laſſen; wie dann hergegen ch im Weſter-Theil ſelbigen Reichs ein Königreich deß Namens Neuſtrien er Neuſtraſien ſich herfür gethan/ um willen deſſen fürnemſtes Theil Neuſtrien zweyten Verſtand geweſen. Gedachtes Königreich Auſtraſien/ wurde von dem uſtraſien im erſten Verſtand mit deme unterſchieden/ daß es ſein Gebiet nicht al-in über den ganzen Orientaliſchen Theil deß Fränkiſchen Reichs/ ſondern bene-nſt faſt jederzeit noch über einige groſſe Stuck von Neuſtrien erſtrecket. Gleich-le hingegen das Königreich Neuſtrien in dieſer dritten Bedeutung von der ſten darinnen abgewichen/ daß es nicht allezeit den völligen Weſter-Theil deß

Fränki-

Fränkischen Reichs/doch gleichwol mehr als die Special-Provinz Neustrien bedecket/ und gemeinlich in deme bestanden/ was sonsten den beyden Königen zu Paris und Soissons in denen Reichs-Theilungen zugefallen. Sintemalen nun dieser Unterscheid und Gebrauch deß Namens Austrasien von denen wenigsten / so von diesem Königreich Austrasien zu handeln unternommen/ in sattsamer Obacht gehalten worden: so hat minder nicht seyn können/ als daß mancher Irthum mit unterlauffen müssen; massen dann auch eben daher die Ursach zu nehmen ist / warum von den mehristen die Gränzen Austrasiens / zwischen der Mosel und Rhein / oder die Maas und Rhein / geleget werden; weilen nemlich selbiger Orten eine sonderbare Provinz solchen Namens sich finden lassen/ wie sich bald zeigen wird. (d) Ehe und bevor ich aber Austrasien dieser dritten Art unter Handen nehme / will ich die beyde erste ganz kürzlich untersuchen.

(d) *Cluver. Introd. Geograph. lib. 2. c. 12. & ibid. annotator ejus Buno.*

III.

Was derowegen Austrasien in dem ersten Verstand / da es allerdings für den Orientalischen Theil der Fränkischen Monarchie genommen wird / betreffen mag/ so will der Anfang solcher Hauptheilung deß gesamten Fränkischen Reichs/ von der Zeit/ als die Teutsche Franken über Rhein gesetzet/und sich einiger Länder von Gallien bemächtigt/ herzuholen seyn; wie dessen Aimoinus einige/ zwar etwas unlautere und unvollkommene Anzeig hinterlassen. (e) Nach dessen Bericht scheinet fast / als ob die Scheidlinien der Maase allein müste beygeleget werden. Wobey es aber zum wenigsten die Nachzeiten ganz nicht gelassen/ sintemalen im Fortgang der Jahre solche Gränz-Zeile vom Gebürge Vosago (le Vauge) neben dem Wester-End deß Ardenner-Waldes/ der Länge nach/ bis an die See gezogen worden. Dieses will beyläuffig so viel sagen / als vom Ursprung der Maas / bis fast [illegible] dem Munde der Sambre / wiewolen die Maas / nachdem sich nemlich der Wald angelassen / an manchem Ort überschritten worden. Ferner die Sambre hinauf zum Ursprung der Scheld / und von solchem mit gedachtem Wald gerade in die See; Dergestalt/ daß auf diesen Weg Braband/ Hennegau/ Flandern und Seeland/und alles was zwischen der Maas/ Sambre/ dem sogenannten Kohlen-Wald (Sylva carbonaria) und der See gelegen/ Austrasien beygefüget worden. Solches erscheinet hauptsächlich aus der Theilung deß Reichs / so Clotarius II. mit seinem Sohn Dagoberto M. getroffen / dazumal als diesem die Cron von Austrasien aufgesetzet worden. Worinnen Vogasus und Ardenna / als durchgehende Gränz-Linien eingeführet werden. (f) Wurden also in diesem Verstand zu Austrasien gerechnet/ erstlich jenseit Rheins/ von den Alpen an/ alle Länder zwischen dem Rhein/ Maas / Sambre und See/ so nachmal den Namen deß Königreichs Lothringen überkommen; ferner dießeit Rheins der ganze Fränkische / Schwäbische / Bayrische/ Österreichische und beyde Nieder-Sächsische/ auch guten Theils die drey Rheinische / und Ober-Sächsische Creis / und insgemein / so weit sich das Fränkische Reich gegen Osten ausgedähnet. Gleichwie hinwiederum Neustrien nach diesem

Verstand

Verstand alles mag bedecket haben / was sich jenseit der Maas und deß Ardenner-Walds in Gallien / gegen der Sonnen Niedergang gezogen / angesehen alles solches das wahre alte Fränkische Wester-Reich gewesen. Es kan aber in keine Abrede gesetzet werden / daß sothane Haupt-Theilung deß Fränkischen Reichs / in Austrasien und Neustrien / nach und nach wenig Gutes gefruchtet / vielmehr sehr gefährliche und fast Grund-verderbliche Trennungen und Zufälle / auch zwischen beyden Nationen solche Eifersucht und Widerwillen erwecket / als ob sie würklich zweyerley Herkommens und zweyerley Volks gewesen wären; gestalten das Mißtrauen und die Hitzigkeiten etliche mal in offene Kriegs-Flammen ausgelohet / und endlich zu einer solchen Verbitterung angestiegen / daß die Austrasier sich lieber absonderlichem Regirern ihres Mittels untergeben / als neben denen Neustriern sich länger zu einem gemeinen Königlichen Ober-Haupt / ob wol selbiges deß uralten Merovingischen Geblüts gewesen / bekennen wollen / welche Absonderung dann in Folge der Zeit ausser Zweiffel Neustrien den völligen Untergang würde gebracht haben / falls nicht durch ein gütigers Geschick / obvermeldte Austrasische Regirer / zu der Würde und dem Amt der Obristen Haus-Meyerschafft oder Primiers Ministres in Neustrien / (gleichwie endlich so gar auch auf den Königlichen Thron) wären erhoben worden.

(e) *In Proœm. Hist. c. 5.* Has omnes Provincias cum Franci occupâssent, In duas tantummodo partes dividentes, eam, quæ Septentrionem versus tenditur, & inter Mosam & Rhenum Austriam, illam verò quæ à Mosa ad Ligrim usque pertingit, Neustriam vocaverunt.

(f) *Fredegarius in Chron. c. 47. Anno trigesimo octavo Chlotarii, Dagobertum filium suum consortem Regni fecit, eumque super Austrasia Regem instituit, retinens sibi, quod Ardenna & Vogasus adversus Neuster excludunt.*

IV.

Was aber den andern Verstand deß Worts Austrasien belanget / so begreifft solcher eine in dem grossen Austrasien vorigen Lauts gelegene einzele Provinz / welche zwar widerum in zwey Theile / und so viel unterschiedliche Verwaltungen oder Herzogthümer abgesondert / und deren eines über dem Rhein / das andere dißseits befindlich gewesen. Und das dißseitige zwar ist anderswo nirgends zu suchen / als in dem noch jetzund also genanten Ost-Franken / oder Francia Orientali, nemlich dem heutigen Frankenland / jedoch Hessen und einige angränzende Strich Landes / wie vor Uralters / mit eingezehlet; welches hierunten / wo ich erweisen werde / daß dieses Hessen und Franken ein Stuck deß Königreichs Austrasien gewesen / zugleich mit ausfündig gemacht werden solle. Das Uber-Rheinische aber bestunde vielleicht ersten Anfangs in den Landen zwischen Maas und Rhein / wie oben angezogenes Zeugniß Aimoni gleichsam deutet; deme aber / wo nicht gleich anfangs / wie ich doch glaublicher erachte / wenigst / wie vorberühret / unlängst hernach die Länder zwischen der Maas (von der Sambre und der Scheld anzurechnen) und der See zugeschlagen worden. Dann als Anno 690. Pipinus Heristallius deren Herzog gegen Theodoricum König in Neustrien mit Kriegs-Macht angezogen/ wurde Sylva Carbonaria, nemlich das Stück deß Ardenner-Walds in Flandern zwischen Maas und See / zur Gränz-Linien zwischen Austrasien und Neustrien geleget. (g) Auch könnten / da es eine Nothdurfft wäre/deßfalls noch mehr Beweisthums-Gründe beygebracht werden. Sintemal aber fast solcher ganze Strich deß Fränkischen Reichs zwischen dem Rhein/ der Maas/Sambre und Kohlen-Wald nach zeitlicher Entwerdung Käisers Ludovici Pii, und darauf erfolgter Haupt-Theilung der ganzen Fränkischen Monarchien / von seinem Besitzer oder dessen zweyt-gebornem Sohn Lothario/den Namen Lotharingen überkommen/und Austrasiens fast niemal mehr gedacht worden / auch solches Königreich Lothringen in der That von jenem alten Austrasien gänzlich unterschieden gewesen: so ist nicht wol zu begreiffen / mit was Bestand man nach so viel hundert Jahren / nemlich zu diesen unsern wunderlichen Zeiten/ an eben selbigem Ort/ das längst vorher abgestorbene Königreich Austrasien widerum empor zu bringen und gleichsam von den Tode aufzuerwecken trachte / da man doch auf allen Fall sich vielmehr deß Königreichs Lothringen/als näheren/zu erinnern hätte. Dieses zwar hat in nachfolgenden Jahren sich ergeben / daß als auf dem Lothringischen Boden sich unterschiedliche Herzog- und so Geist- als Weltliche Fürstenthümer / auch Fürsten-mässige Graffschafften herfür gethan/der Strich aber an der Saar/Lauter/Bleiß und Naab/ehe und bevor die Pfalz bey Rhein der Orten für den Tag gekommen / keinem derselben anfällig worden/ daß sage ich/man selbigem den alten allgemeinen Namen Austrasiens gelassen/so ihme bishero im Lateinischen verblieben/ob ihm gleich im Teutschen/weilen es in Ansehen unsers Ost-Fränkischen Königreichs/dem es anhängig/ gegen Sonnen-Nidergang hinaus schauet/der Name deß Westerreichs mit mehrern Fug gediehen ist! gleichwie es auch von Bunone im Lateinischen mit dem Titul Westrasiæ begabet wird. (h)

(g) *Ann. Franc. Metenses ad an. cit.* Adunato igitur exercitu Pipinus ad Carbonariam sylvam pervenit, qui terminus utraque regna dividit.

(h) *ad Cap. 9. lib. 3. Introd. Cluver.*

V.

Endlich gelangen wir auf die dritte und edelste Gattung von Austrasien / die uns nemlich das also benahmte Königreich Austrasien darstellet; welches nicht allein durch allererest erwehnte einzele Provinzen Austrasiens/ oder auch den Orientalischen Theil der ganzen Fränkischen Monarchien sich erstrecket: sondern dessen Scepter aussen und neben denselben / noch von andern stattlichen Ländern mehr verehret worden; in Erwegung deren / Austrasien in diesem dritten Verstand gegen die beyden vorige Austrasien tanquam includens ad inclusa, wie man in Schulen zu reden pflegt / sich verhalten. Und zwar so war das Königreich Austrasien durch das Westertheil deß Fränkischen Reichs dergestalten ausgebreitet / daß es auf einer Seiten in Provence von dem Mittel-Meer / auf der andern in Gascogne icogne von der grossen Welt-See angeflossen worden / und in soweit den Namen Austrasiens blos von seinem ältesten und mächtigsten Theil entliehen. Wobey jedoch zu Verhütung mehrer Irrthum anzumerken / daß solcher Name keines wegs so irrig zu erstrecken / als ob das Königreich Austrasien darum ein Fränkisches Königreich zu seyn aufgehöret hätte / um Willen es vermeintlich einen fremden Namen angenommen / angesehen / solcher Name im Grund ein anders nicht / als Ost-Franken sagen wollen. Welche Benahmung ihm nicht allein im Teutschen fast durchgehend verblieben / sondern auch bey denen Lateinischen Scribenten in denen Wörtern Francia orientalis, Franci Orientales, Franci Austrasii, Osterlandi &c. so zu sagen mehr als oftmal herfür sticht. Ist derohalben Austrasia anfänglich anders nichts gewesen / als ein Zuname und Adjectivum Franciæ, welches in der gemeinen Sprach mit Verschweigung deß Substantivi nach der Hand den Platz allein behauptet / gleichwie das Königreich Lothringen erstmals Francia Lothariana oder Francia Lotharingia geheissen / und endlich Lotharingia allein verblieben ist; dergleichen Fäll gewißlich in andern Sprachen und Ländern bey Nachforschung sich genugsam finden würden. Von diesem Königreich Austrasien nun ist eigentlich unser Vorhaben diß Orts kürzlich zu handlen. Seine Königliche Hauptstadt war Metz / dahero es nicht selten unter dem Königreich Metz / wie auch seine König / als Könige zu Metz eingeführet werden. Wir wollen fürhero eine ganz eng-verfaßte Erzehlung thun / was sich von seinen Anfang bis zum Ende mit ihm für sonderbare Aenderungen zugetragen; sodann aber besehen was ihm eigentlich für Länder mit Bottmässigkeit zu Verwand gewesen.

VI.

Und zwar soviel das erste betrifft / hatte Clodovæus M. kurz vor seines Lebens Ende / durch Hinrichtung unterschiedlicher Fränkischer Könige seiner Bluts-verwandten / welche ihren Hoffsitz zu Cölln / Cambray / und anderswo gehabt / die bis dahin immerzu in Zertheilung und bloß hin wie in einer Bündniß gestandene Fränkische Völker und Länder / kümmerlich in einen einigen Cörper gefügt / und darauf die Augen zugeschlossen; als seine vier Söhne / durch gepflogene Regierungs-Theilung / wiederum vier Fränkische Königliche Namen auf die Bahn gebracht / ob zwar in der That selbsten das Reich unzertheilet geblieben / dessen Verwaltung allein vier Königliche Gebrüder / in vier unterschiedlichen Theilen Fränkischer Länder / an sich gezogen. Aus diesen ist Theoderico dem Erstgebornen das ganze Austrasien / das ist / offtermeldtes Orientalische Theil deß Fränkischen Gebiets / sowol diß- als jenseit Rheins zu beherzschen heimgefallen; womit es dann zum erstenmal / unter einem abgesonderten Königlichen Namen / zum Vorschein gediehen. (i) Dem folgte auf dem Thron sein tugendhaffter Sohn Theodebertus / der dapfere Held und grosse König. Auf diesen aber ein dem Vatter und Anherrn sehr unähnlicher Theodewaldus / welcher jedoch ein kurzes Ende gemacht. Unter beyden ersten ist Bayern / Thüringen / Sachsen und viel anderes / zu Austrasien gebracht / auch die Dähnen oder Normannen in Flandern bis aufs Haupt geschlagen worden. Nach dem Ableiben Theodewaldi/ geriethe die Beherrschung Austrasiens gleich alles übrige Fränkische Reich/ unter ein einiges Haupt/ sintemalen sich von deß Clodovæi Magni Söhnen und Enkeln niemand mehr / als der einige Chlotarius/ König zu Soissons / mit seinen Kindern annoch übrig befande. Es kame jedoch in kurzem abermal vor den Tag/ als nach tödtlicher Entwerdung jetztgemeldten Chlotarii/ Sigebertus/ dessen jüngstgeborner Sohn unter vier / durch wiederholte Regirungs-Theilung auf den Königlichen Austrasischen Stul zu Metz gestiegen. (k)

Der gelangte aber auch dißmal nicht über den dritten Erben ; gestalten zwar Sigeberto, als derselbe durch Anstifftung Fredegundis, seiner Schwägerin/ zu einem gewaltsamen Tod befördert worden/ der Sohn Childebertus, ein tapfferer/ großmütiger und kluger Held / dem auch das Burgundische Reich heimgefallen/ nachgefolget / aber durch die regirsüchtige Mutter Brunhild / deren er bey den mehrern Jahren nicht allen Eingriff verstatten wolte / dem Vatter mittelst Gifft in die andere Welt nachgeschicket worden; zwar mit Hinterlassung zweyer Söhne/ Theodeberti II. und Theoderici II. die aber ihre Gedächtniß fast durch nichts als ihren schändlichen Tod auf die Nachwelt gepflanzet; massen der jüngere den ältern durchs Schwerdt / jenen aber ebengemeldte Unholdin seine Anfrau Brunhild / durch Gifft hingerichtet. (l)

Worauf dann Chlotarius II. König zu Soissons , der noch einige übrige männliche Nachkommen Chlotarii I. sich der völligen Monarchie unterzogen/ das so genannte Königreich Austrasien aber dem Schauplatz der Welt zum andermal entnommen worden. Es war aber solche Entwerdung gleichwol auch dieses mal nicht von langer Taure / angesehen Chlotarius nach wenigem Verzug die Austrasische Cron Dagoberto I. seinem ältesten Sohn aufgesetzet / unter welchem aber die abgesonderte Verwaltung solchen Königreichs / bald wiederum zum ganzen Fränkischen Cörper gelanget. (m)

Gleichwie sie aber in der Person Sigeberti II. Dagoberti ältesten Sohns/ zum vierten mal empor kommen: also ist sie mit dessen unmündigem/ durch Grimmwald dem untreuen Obristen Hausmeyer verdrungenem Sohn Dagoberto II. auch zum vierten mal untergangen. (n)

Dadurch gelangte Chlodovæus II. Sigeberti Bruder / König in Neustrien zum vollständigen Fränkischen Reich / welcher es zwar gleichfals und nicht weniger sein Sohn Chlotarius III. sehr kurz / auch dieser Letzte durch sein Ableiben einer abermaligen Theilung unter seinen Brüdern Platz gemacht. Dann Childerico fiel Austrasien/ und bald darauf durch Verdrengung seines Bruders Theoderici auch Neustrien zu. Als aber selbiger durch die Neustrier eines gewaltsamen jämmerlichen Todes verfahren: geriethen die Austrasier in eine so heffige Verbitterung/ daß sie alle Gemeinschafft mit denselben abbrechend / sich von dannen an, auf ewig von ihnen/ wie alle Muthmassungen geben/ abzusondern bedacht worden/ so auch nicht ohne beständigen Nachdruck würde geblieben seyn / falls der Göttlichen

chen Vorsicht durch sonderbare Schickungen nicht ein bessers gefallen hätte. Sie gehorchten anfangs Wulffbald / Königs Childerici Obristen Haus-Meyer in Austrasien/und haben sich alle diese Umwechslungen mit dem Königreich Austrasien von dessen ersten Anfang bis auf solche völlige Trennung / womit es gleichsam seine Endschafft erreichet / in einer Zeit von ungefähr hundert und sibenzig Jahren zugetragen; und gleichwie die Austrasier sich von den Neustriern / also haben die jenseit der grossen Scheid-Linien gelegene / und sonsten dem Königreich Austrasien zu verwandte Länder / sich von denen Austrasiern abgesondert. Nachdeme aber Wulffbald in kurzem dieses Zeitliche abgelegt / geriethe die Regirung deß ganzen Austrasiens auf seine zwey Vettern/ die Enkel S. Arnolphi, Bischoff zu Metz/ und dessen Vatters oder Anherrens Ansberti, Dagoberti Magni Schwagers/nemlich Martinum und Pipinum Crassum, (o) deren jener zwischen Maas und Rhein/ dieser aber dißseit Rheins in Franken und Hessen / aus Vätterlicher (p) zwischen Maas und See aber/ jenseit Rheins aus Mütterlicher Erbfolg herrschete.(q) Ich sage/herrschete/ dann sie in solcher ihrer Reichs-Verwaltung kein anderes Ober-Haupt über Austrasien/als sich allein erkenneten oder erkennen liessen; woher dann auch geflossen/daß von solcher Zeit an ihnen die Wörter Dominari, (r) Principes und Principatus (s) Ditio, (t) Imperium, (u) ja so gar Königliche Namen (w) zugeeignet werden. Als aber nach wenigem Zeit-Verfluß Martinus in einer vom König Theodorico und dessen Haus-Meyr Ebroino, erlittenen Niderlag geblieben/ ist die vollständige Regirung über das gesamte Austrasien Pipino allein heimgefallen. Welchem nach er gegen ermeldten König in einem wiederholten Treffen den Sieg und den König selbst gefangen davon gebracht / dannoch aber ihm bey der Königlichen Würde über Neustrien allein und zwar mit der Maas gelassen / daß ihme Pipino und seinen Nachkommen/gleichwie über Austrasien das vollkommene Gebiet (dann solches ist glaubhaffter) also über Neustrien die Obriste Haus-Meyrschafft / das ist / das Primum Ministerium erblich gebühren solte. In der That selbsten / stunde bey ihm die vollkommene Ober-Gewalt über das ganze Fränkische Reich / sintemal den Königen über Neustrien allein noch der blose Nam übrig ware. Beyde Würden übertruge Pipini mit der Zeit erfolgter tödlicher Abgang Carolo Martello, seinem Sohn/ dem freudigen Helden/und wahren Erhalter deß Fränkischen Reichs und gesamter Christenheit / gegen die Uberschwemmung der Saracenen; auf dessen Grab / wie Rivius meldet/ sich die Wort Carolus Martellus Rex, eingehauen finden sollen. Von diesem stammete sowol die eine als andere Gewalt anfänglich auf seine beyde Söhne / Pipinum Brevem und Carolomannum; vereinigten sich jedoch endlich auf Pipino allein/und sintemal die Königliche Gewalt bey Ihm und seinem Haus / so geraume Jahr ohne Unterbrechung gestanden/ wurde Ihm im Jahr 756. auch der Königliche Name aufgetragen/ indeme die Merovingische Könige nun von langer Zeit her/ nichts als in Purpur gekleidete Geist-lose Bilder vertretten hatten / und von denen Austrasischen Regirern / als ihren obristen Haus-Meyern/ fast nach Willkühr an- und abgesetzt

 worden

worden waren. Durch sothane deß Pipini Brevis Erhebung auf den Königlichen Fränkischen Thron/ ist das Reich Austrasien oder Ost-Franken mit dem West-Fränkischen wiederum in eine vollkommene Vereinigung gegangen/auch hinführo unter dem Namen eines abgesonderten Königreichs nicht mehr vor den Tag gelanget; angesehen ob zwar unter denen Söhnen Pipini Carolo M. und Carolomanno eine nochmalige Regirungs-Theilung erschienen; solche dannoch gantz anders als vorige eingerichtet gewesen. Also auch ob zwar der Name Austrasien hernach noch einig einzelen Provintzen zuweilen gediehen / solches gleichwol allein nach obigen dessen zweyten Verstand hat können genommen werden. Deßgleichen und wiewol nach ungefähr achzig oder neuntzig Jahren auf dem Austrasischen Boden die Königreiche Lothringen und Teutschland entstanden: so sind doch selbige vom alten Königreich Austrasien in viele Wege/ und gleichwie im Namen/ also in der That selbsten sehr unterschieden gewesen. Wann auch den Letztern dann und wann der Nam Austrasien zukommen / so ist es allein von Neotericis und nur Historien-Schreibern beschehen/und zu keinem gemeinen Gebrauch gelanget. (x)

(i) *Fredegar, in Excerpt. c. 3.*

(k) *Epit. Gregor. Turon. c. 30.*

(l) *d. Epit. c. 38. & 39. Fredegar. in Chron. c. 16. Aimoin. l. 3. c. 84.*

(m) *Fredegar. in Chron. c. 47. 56. & 67.*

(n) *Id. c. 57. Epit. Gregor. c. 43.*

(o) *Fredegar. c. 97. & Chron. Breve Francorum Thuani, paululum ab initio:* Martinus & Pipinus filius Ansegisili & sanguinei (*consanguinei, utpote duorum fratrum filii*) Principe Austriæ à Theodorico fugati &c. *Chron. Moissac. sub Constantino Constantini filio:* Eo quoque tempore decedente Wulfoaldo de Austria, Pipinus & Martinus decedentibus Regibus dominabantur in Auster.

(p) *Ann. Met. ad an. 687.* Pipinus filius Ansegisili nobilissimi quondam Francorum Principis post plurima alia, &c. Orientalium Françorum glorioso genitori feliciter succedens suscepit Principatum.

(q) *d. d. ann. Met. cit. loc.* Erat ei (*Pipino*) gloriosa genitrix cunctis laudibus digna nomine Begga filia Pipini (Landi) præcellentissimi quondam Principis, qui populum inter Carbonariam sylvam & Mosam fluvium, & usque ad Fresionum fines vastis limitibus habitantem, justis legibus gubernabat.

(r) *Cit loc. ex Fredeg. c. 97. & Chr. Moissac.*

(s) *Ann. Met. ad ann. 687. cit. loc. & prius ajunt: Franci primum habuere Regem Ferramundum, cujus proles regnavit usque ad annum 687. Tunc enim Pipinus Ansegisili filius Princeps Francorum fuit.*

(t) *Ann. Met. initiò: Interea duces ac Optimates Francorum, quos gloriosus genitor ejus nutriverat ad Pipinum properant, seque cum omnibus, quos gubernabant, sua ditioni subjugavit.*

(u) *Cit. ann. ad an. 691. Dispositis autem prudenter omnibus in occidentalis regni gubernaculis ad Orientalis Imperii sui sedes, cum summa gloria revertitur (Pipinus Crassus.)*

(w) *Locus*

(w) *Locus ex Hist. Francor-abbrev. suprà sub lit. o citatus.*

(x) *Crusius in Suevicis p. 2. l. 2. c. 9. Ludovicum Germanicum vocat Austrasiæ Regem; scil. Orientalium Francorum.*

VII.

Nunmehr gelangen wir zu untersuchen / was für Gebiet und Länder diesem so gepriesenen Königreich Austrasien zugethan gewesen. Deren fürnemster und mächtigster Theil war ohne Zweiffel derjenige zu nennen / so von der Maas und dem Ardenner-Wald / als oftberührter Scheid-Linien von Neustrien / Ostenwerts / bis zum Ende deß damaligen Teutschlands / gereichet. Neben diesem aber fanden sich auf der Seiten von Neustrien / wie vor berühret / durch das Wester-Gallien noch viel treffliche demselben zuverwandte Stück; denen endlich und gleichsam als eine zufällige Ubermaß / noch ein Theil Italiens / auf gewisse Weise beyzuschätzen. Solcher Gestalt mögen die Austrasische Länder in dreyerley Gattungen abgesondert werden; deren beyde letztere / weilen sie nicht sonders viel zu unserm Haupt-Absehen beytragen / wir ganz kurz durchgehen / und von Italien den Anfang machen wollen. In diesem findet sich / daß Theodebertus I. König in Austrasien / mit einem gewaltigen Kriegsheer eingebrochen / einen Theil desselben zinsbar gemacht / auch Bucellenum seinen Feld-Herrn / zu Vollführung deß übrigen hinterlassen. Dieser aber wurde von Nersete erschlagen; auch verbliche Theodebertus zu frühezeitigen Tods; wodurch solches grosse Unterfahen und andere mehr zu Wasser worden. Als hierauf die Longobarden sich Welschlands bemächtigt: hat Childebertus I. König in Austrasien / Sigeberti Sohn / selbige gleichfals zu der Zinsbarkeit bezwungen / und sowol er Zeit Lebens / als seine Kinder dabey behauptet. Chlotarius II. aber / oder vielmehr dessen bestochene Räth / haben sie solcher Pflicht / ich weiß nicht unter was Fürwand / entbunden. Die Lombardische Geschichten wollen hievon wenig wissen. Die Fränkische aber / und unter denen der glaubwürdige / zu gleicher Zeit gelebte S. Gregorius Turon. gedenken dessen ganz eigentlich. (y) Ob auch gleich solches für eine gänzliche Unterwerffung nicht mag angezogen werden: so ist doch bekandt / daß die Tributs-Leistung einige Ober-Gewalt anzeigen wolle.

(y) *Almoin. lib. 2. c. 2. Chron. Moissac. sub Justino seniore. Epist. Turon. c. 26. & 35. S. Greg. Tur. l. 3. c. 32. & l. 6. c. 42. Fredeg. in Miscell. c. 92.*

VIII.

Die in West-Gallien gelegene / aber zum Königreich Austrasien gebannete Länder / waren erstlich Champagne, so dem König Sigeberto Chlodarii I. Sohn / nebenst Austrasien zu Theil / deßwegen gemeldter Sigebertus von seinem Bruder Childerico, König zu Soissons, vielfältig angefochten worden. (z)

Zweytens: Die Länder Poicton, Touraine, Limoges, und ein Stuck von Gascogne, um Bourdeaux und Cahors, welcher wegen Childebertus Sigeberti Sohn / von vorgemeldtem Chilperico und dessen Brudern Guntram / König zu Orleans / ebener Massen manchen Anstoß erlitten. (aa)

Drit-

Drittens / ein Stuck von Provence. (bb) Viertens / das gantze Königreich Burgund oder Orleans / wie es vorgemeldter König Guntram besessen / der noch bey Lebzeiten seinen Vettern König Childebertum von Austrasien zum Nachfolger erkläret / deme es auch nach seiner Entwerdung richtig zugekommen / auch nachmals auf dessen Kinder gelangt. (cc) Fünfftens Auvergne, welches eines von den ältesten Heimsteuren deß Königreichs Austrasien / unter den West-Gallischen Ländern / gewesen. (dd) Nicht weniger sechstens das sogenannte Hertzogthum Denzeleni, so in nichts anders bestanden / als dem Land zwischen der Seyne / Oise, und dem Meer / ausser wenigen / so davon bey dem Königreich Paris behalten worden. (ee) Damit aber niemand hieran Zweiffel tragen und einwerffen möge / als ob diese Länder mit dem Reich Austrasien zwar einerley Königliches Oberhaupt verehret / aber doch als sonderbare ausser solchem für sich selbsten bestehende Länder / und nicht als dem Scepter von Austrasieu einverleibte Stuck gehalten worden. So will ich mit Vorbeylassung aller anderer dagegen dienender Gründe / nur den Verlauff zwischen König Chlotario II. nnd dessen Sohn Dagoberto M. berühren. Dann nachdem zwar diesem vom Vatter noch bey Leben die Cron von Austrasien aufgesetzt / aber an Land und Leuten weiter nichts / als was von der oftgerühmeten allgemeinen Scheid-Linien deß Fränkischen Reichs Ostenwerts gelegen / mit Beyseithaltung der West-Gallischen Angehörungen / damit eingeantwortet worden: hat er sich so wenig damit vergnügt befunden / daß er auch vermeint / es wäre ihm vom Vatter grosses Unrecht widerfahren / massen er es den dritten Tag seines Beylagers öffentlich angezogen / worüber dann es zwischen beyden zu einen unvermuthlichen und gefährlichen Zwist kommen / welchen beyzulegen / alle anwesende Grosse deß Reichs gnugsam bemühet gewesen / mittelst deren Zwischen-Trettung es mit Vatter und Sohn zu einem Vergleich und Theilung der im Streit befangenen oberzehlter West-Gallischer Länder endlich gelanget / in welcher dem Vatter allein die Provence und was jenseit der Loire gelegen / vorbehalten / das übrige alles Dagoberto zugebilliget worden. Zu welcher ob zwar in Warheit etwas unbescheidener Foderung es der Sohn nimmermehr / auch eben so wenig der Vatter zu der Einwilligung / oder die Stände zu ihrer Vermittlung würden haben gelangen lassen / wie dann auch keiner Zeiten eine Ursach dessen hätte seyn können / im Fall gedachte Länder nicht warhafftig dem Austrasischen Königreich an- und einverleibt gewesen wären; zumalen die Historien buchstäblich ausdrucken / daß sie eigentlich dorthin befangen gewesen. ff

(z) *Aimoin. l. 3. c. 5. & 12. Epist. Gregor. c. 32.* Commoto iterum Chilpericus exercitu usque ad Rhemis accessit &c. quod audiens Sigebertus convocatis gentibus &c.

(aa) *Aimoin. l. 3. c. 12.* Eo tempore Chlodevæus Chilperici filius Burdegalensem, quæ ad Regnum Sigeberti pertinebat ditionem invasit. Et paucis interjectis: Theodebertus (itidem Chilperici filius) nonnullis urbibus subactis

tributa

tributa Turonensibus, Pictavis, Caturicensibus, Lemovicinis jure victoriæ adscribit, pervagatusq; Aquitaniam Provinciamque &c. *Item Epit. Gregor. Tur. c.39. Fredeg. cap. 70. & d. Aim. l. 3. c. 62. 69. & 96. Greg. Tur. Hist. l. 9. c. 30.*

(bb) *Aim. l. 3. c. 51.* Post hæc Guntrannus Childeberto nepoti suo partem Massiliæ, quam invito eo retinebat, reddidit. Et c. 54.

(cc) *Fredeg. in Chr. c. 15. Anno secundo cum Childebertus accepisset Burgundiæ regnum &c. It. c. 7. 14. & 16.*

(dd) Fredeg. Childebertus dolose Arvernos contra Theudericum (*Austrasiæ Regem*) invasit. Tur. Histor. l. 3. c. 9.

(ee) *Aimoin. l. 3. c. 88.* Coactus Chlotarius (Suessionis Rex) tenorem pacti ab Hostibus propositi, invitus licet, firmavit, ut inter Sequanam & Isaram Ducatus integer Denteleni, itemque usque ad mare Theodeberto cederet. Duodecim tantum pagi inter Sequanam usque ad maris Oceani littora Chlotario manserunt. Item Chron. Fredeg.

(ff) Fredeg. in Chron. c. 53. Petensque Dagobertus cuncta, quæ ad Regnum Austrasiorum pertinebant, suæ ditioni velle recipere, &c. *Aim. l. 4. c. 12.* Petebat Dagobertus reddi sibi solidatum, quod ad Austrasios pertinebat, Regnum &c.

IX.

Hiermit gelangen wir zu der dritten Art Austrasischem Scepter vor Zeiten bottmässiger Landschafften / nemlich denjenigen / so von oftgerühmter allgemeiner Schieds-Linien gegen Osten sich so jen- als disseiten Rheins gezogen / als das fürnemste Werk / worauf dieser Bericht angesehen; und wollen wir die jenseitige zu erst durchwandeln. Und zwar stellen sich die Lande zwischen Maas und See anfänglich herfür / von welchen allschon oben angezeiget / daß sie bereits in den ersten Zeiten / nehmlich sobald mit Entstehung deß Königreichs Austrasien / unter desselben Angehörungen gezehlet worden / und dienet zu dem Ende ferner / daß König Theodericus I. in Austrasien / die Dähnen / als sie in Pagum Attuariorum eingefallen / durch seinen Sohn Theodebertum I. wiederum hinaus geschlagen / welches nichts anders deuten kan / als daß solches Gaw in den Grenzen seines Reichs enthalten gewesen; (gg) Massen Pagus Attuariorum den grössern Theil deß heutigen Brabands / ein Stück von Namur / Hennegaw / und vielleicht auch von Flandern begriffen. (hh) Und sintemalen nach Besag der Annalium Metensium wie sie hie oben angezogen / gemeldter Strich Landes zwischen Maas und See sich bis an die alte Gränzen der Friesen erstrecket: so folget / daß nicht nur Seeland / sondern auch ein grosses Theil von Holland / nemlich bis an den mittlern Rheinstrom / so durch Utrecht und Leyden gestrichen / diesem Theil Austrasiens zugethan gewesen. Soviel aber das Land zwischen Maas und Rhein betrifft / würde zu unserm Zweck übrig gnug seyn / angeführet zu haben / daß wie hievornen ausfündig gemacht / selbigem von Aimoino, für andern der sonderbare Nam Austrasiens zugeeignet worden. Doch wollen wir dessen Theile nacheinander

C kürzlich

kürzlich durchlauffen. Und zwar von unten anzufangen/ so kan wegen deß Gülicher-Lands und deß anstossenden jenseitigen Gelders/ so beyde vor Zeiten/ wenigst zum Theil/ von den Ripuariis bewohnet gewesen/ und unter veränderten Namen noch jetzo bewohnet werden/ dißfalls kein Zweiffel hafften/ angesehen sie Theodeberto II. König in Austrasien unterwürffig gewesen/ und als derselbe von seinem Bruder Theodorico II. bey Zulpich im Gülcher Land zum zweytenmal geschlagen worden/ sich an den Uberwinder zu übergeben gezwungen worden; (ii) demselben auch sobald die Huldigung abgestattet. Von dem Trierischen Land ist dessen Unterwürffigkeit nach Austrasien/ neben vielen andern/ auch aus deme genugsam zu erholen/ daß die adeliche Geisseln/ so König Theodericus I. in Austrasien von seinem Bruder Childeberto, König zu Paris genommen/ um Trier herum aufbehalten worden. (kk) Wie auch aus deme/ daß König Childebertus in Austrasien zu Coblenz/ als einem Theil seines angehörigen Reiches/ sein Hoflager gehalten. (ll) Und eben von diesem Trierischen Land/ wie auch/ daß das Herzogthum Lützelburg/ Limburg/ die Eyffel und deren Nachbarschafft nach Austrasien pflichtig gewesen/ zeiget der Ardenner Wald/ von welchem alle dieselbe vor Zeiten/ wie noch theils heut/ bedeckt wurden. (mm) Selbiger aber kundbarlich und völlig nach Austrasien gebannet gewesen/ massen seine Marken gegen West/ das gesamte Austrasien/ von West-Gallien abgetheilet/ auch vor angeführter König Theodericus II. nach dem ersten Sieg über seinen Bruder/ denselben durch den Ardenner-Wald/ bis nach Zulpich/ als der zweyten Wahlstadt in das Gülchische verfolget/ (nn) Von dem heutigen Lothringen und Saarstrohm wird ein Uberfluß seyn/ viel Anführens zu machen/ nachdem der letztere noch heut im Lateinischen den Namen Austrasiæ führet/ in jenem aber Metz der gewesene Hauptsitz deß Austrasischen Reichs noch jetzund befindlich ist. Gleiches Urtheil ist auch von der Stadt Mainz und ihrem Gaw zu schöpffen/ deren Bischoff Leonisius vom König Theodeberto II. in Austrasien/ nach dessen Niederlag nicht hätte abfallen/ und Theoderico II. dem Sieger zufallen können/ falls er jenem nicht wäre zugethan gewesen. (oo)

Auch legt die Untergebigkeit deß Mainzer-Boden an Austrasien genug zu Tag/ daß einer von dessen Herzogen oder Grafen/ König Sigeberto II. von Austrasien/ gegen den aufrührischen Herzog Rudolph in Thüringen/ zu Hülff ziehen müssen. (pp) Vom Wormbsergaw melden die Historien/ daß die Austrasische Königin Brunhild/ in ihrer Flucht/ für dem König Chlotario II. der sie wegen ihrer Unthaten zur Straff aufsuchte/ sich nach Wormbs begeben/ und von dannen aus mit Chlotario Handlung pflegen wollen. (qq) Von Speyrgaw ist nicht zu zweiffeln/ daß es sich eben sowol Austrasisch geschrieben/ nachdeme es von lauter Austrasischen Ländern rund herum besetzt gewesen/ und kan davon auch Lehemannus in seinem Chronico weitern Bescheid geben. Auch gehörte das Elsaß unter solche Zahl. Von der Stadt Straßburg gibt es zu erkennen/ die daselbst geführte Hoffhaltung Königs Childeberti II. (rr)

Von

Von seinen andern Theilen legt solches ebenmässig für den Tag / daß besagter Childebert von seinem Vetter Guntram in demselben / und namentlich zu Andlaw besuchet; (ss) wie auch dessen Kinder Theodebertus II. und Thedericus II. im Elsaß auferzogen worden; (tt) Massen dann solches Land / als ein Stuck deß Königreichs Austrasien / in dessen hernach gefolgter Theilung zwischen diesen beyden Gebrüdern / Anfangs Theoderico / hernach durch eine zu Selz gepflogene Handlung Theodeberto heimgefallen ist. (uu)

(gg) *Greg. Tur. Hist. lib. 3. c. 3. Ejus Epit. c. 19.*

(hh) *Cluverius Germ. ant. Edit. Bunon. l. 2. c. 21.*

(ii) *Aim. l. 3. c. 98.* Adveniens itaque Theodericus cum suis in Ripuariorum fines sese immisit, occurrentia quæque devastans. Cujus terræ incolæ ad eum venere, rogatum, ne ob unius culpam dissidium pararet eis, quos suos esse sciret jure victoris, quibus ille: non vobis, inquit, sed Theodeberto interitus paratur; cujus caput, si meam promereri vultis gratiam, vos necesse est auferre, aut ipsum vivum vinctumque ad me producere. &c.

(kk) *Gr. Turon. Hist. l. 3. c. 15.*

(ll) Idem l. 8. c. 13. Igitur Guntramus legatos ad nepotem suum Childebertum dirigit, qui morabatur tunc ad castrum Confluentes &c.

(mm) Cluv. lib. 2. Germ. ant. c. 38.

(nn) *Fredeg. Chron. c. 38.* Theudericus cum exercitu Ardennam transiens, Tolbiacum pervenit &c.

(oo) *Fredeg. Chron. c. 38.* Beatus & Apostolicus vir Leonisius Magancensis urbis Episcopus, diligens utilitatem Theuderici, & odiens stultitiam Theudeberti, ad Theudericum veniens dixit: perfi quod cœpisti. &c.

(pp) *Fredeg. Chron. c. 27.*

(qq) *Aim. lib. 4. c. 1.* Brunechildis in Wormatia residens, ejus audito adventu ad eum dirigit, ut de Regno Theoderici, quod filiis reliquerat, secederet.

(rr) *Greg. Tur. l. 8. c. 36.* Igitur anno, quo supra regni sui, Childebertus Rex morabatur cum conjuge & matre sua intra terminum urbis, quam Strataburgum vocant.

(ss) *Fredeg. in Chron.* Guntrammus se, cum Childeberto pacem firmans, in Andelao conjunxit. &c.

(tt) *Fredig. c. 37.* Anno 15. Regnum Theuderici cum Alesationes, ubi fuerat enutritus, præcepto patris sui tenebat, à Theudeberto ritu barbaro pervaditur.

(uu) *Fredeg. cit. loc. Aim. l. 3. c. 96.* Anno 15. Regni sui Theodebertus aliqua sibi de fratris Theoderici possessionibus adjungere parans, eum in se excitavit. Veruntamen provido prudentium virorum consilio electus est locus, cui Saloissa cognomen, ut fratres convenientes, quæ pacis essent, eligerent. Et ex intervallo: Conventus fratrum hujusmodi fuit, ut Alesatio & Sugitensi, Turonensi quoque & Campanensi Comitatu Theodericus cederet, & ad Theodebertum jus omnium horum transiret.

X.

Nun führet uns die Nachbarschafft aus dem Elsaß in das Hertzogthum Alemanien / das ist / die heutige Schweitz / wie auch das Allgau / samt Ober- und Unter-Schwaben/welche treffliche Länder alle unter gemeldtem einigen Namen damals gestanden. Nachdem aber solches weit-begriffene Hertzogthum sowol diß- als jenseit Rheins gelegen gewesen/ und wir dann damit auf die disseitige Austrasische Länder gelangen/ um welche es in diesem vorgenommenen Bericht allermeist zu thun ist; so wolte ich meinen redlichen Teutschen Lands-Leuten dißseit Rheins den Glauben und Beweißthum gerne in die Hand legen/ und deutlich für Augen stellen/ daß das dißseitige Teutschland sowol/ als das jenseitige nach Austrasien warhafftig gehöret habe; damit sie desto heller sehen/ und desto handgreifflicher fassen/ in was für einer genauen und engen Verknüpffung deren eigenes Glück und Unglück mit denen Ober-Rheinischen Austrasischen Ländern haffte / und daß der jenige / so auf die Ober-Rheinische / als Austrasische Dependentzen Sprüch zu haben vermeinet/solche nothwendig auch auf die dißseitige erstrecken müsse. Ich will derohalben von den dißseitigen Teutschen Ländern / daß dieselbe warhafftige Theil Austrasiens gewesen/ erstlich insgemein darthun / nachmal aber auch zu den einzelen Hertzogthümern / deren sich gemeiniglich mehr nicht als fünf oder sechse gefunden/ nemlich die Schwaben / Bayrn/ Thüringer/ Sachsen/ Friesen und Ost-Franken/ durch absonderliche Handlungen schreiten. Und zwar könnte/ insgemein davon zu reden / gnugsam seyn/ wie oben beschehen/ dargethan zu haben/ daß alles/ was von der Maas / und dem Ardenner-Wald sich Osten-werts gezogen und Fränkisch geheissen / dem Austrasien einverleibt gewesen seyn müsse / sintemal Austrasien und Ost-Franken einerley Dings ausgedrucket / auch dißseitige Länder ihres natürlichen Lagers halben/ unmöglich einem von denen West-Fränkischen Königreichen/ als Orleans/Pariß oder Soissons angehörig seyn können/ um willen zwischen diesen Königreichen und den dißseitig Teutschen / das Ober-Rheinische Austrasien der Länge nach von den Alpen bis an die Teutsche See / gleichsam als ein Damm fürgezogen gewesen. Welchem allein dann jenes mit gleicher Bottmässigkeit anverwandt hat seyn müssen. Es erscheinet aber all solches ferner ab dem/daß so oft die Hunnen aus Pannonien oder die Wenden aus Böhmen und Meissen/in das dißseitige Teutschland eingebrochen/ die Austrasische Könige ihrer Obligenheit erachtet/ selbigen entgegen zu gehen / und sothane Länder zu bedecken. Also hat gethan um das Heil-Jahr 566. Sigebertus I. König in Austrasien gegen die Hunnen,(ww) Ingleichen Brunhildis,die Regirerin von Austrasien/ gegen eben dieselbe/(xx) ob zwar mit güldenem Gewehr. Gegen die Wenden aber Dagobertus M. (yy) deren Einfall auch die Grund-Ursach gewesen / warum er seinen ältesten Sohn zum Gehülffen deß Reichs und König in Austrasien erkläret.(zz) Es erhellet die Ergebenheit dißseitiger Teutschen Länder an Austrasien noch weiter ab deme/ daß allein die Austrasische Könige in ereignenden Nothfällen / bevorab in Bedrängnissen von ihren eigenen Brüdern und Vettern/ denen übrigen Fränkischen

Köni-

Königen/sich der dißseitigen Teutschen Nationen zu Kriege bedienet. Also verfuhre vor-erwähneter Sigebertus I. gegen seinen Bruder Chilpericum den König zu Soissons. (aaa) Theodebertus II. gegen seinen Bruder König Theodericum II. (bbb) Brunhild zu Behuff ihrer Urenkel dieses Theoderici Kinder / (ccc) und was dergleichen noch mit Ubermas möchte beygebracht werden.

(ww) *Aim. l. 3. c. 6.* Incidit eâ tempestate necessitas Sigeberto Regi exercitum ductandi adversus Cacanum Principen Hunnorum, qui confinia regni ejus depopulaturus adveniebat. (xx) *Idem refert Epit. Greg. Tur. c. 30.*

(yy) *Aim. lib. 4. c. 23.* Quâ exasperatus Dagobertus contumeliâ, lectas ex Austria dirigit militares copias, ad debellandam Winidorum gentem.

(zz) *Aim. d. l. 4. c. 26.* Sequenti etiam anno, cum assiduis Slavorum incursionibus Thoringia laboraret, collato cum Pontificibus ac Senioribus gentis consilio, Dagobertus filium suum Sigebertum Austrasiis præposuit, ut jungeretur rectoris munere.

(aaa) Greg. Turon. l. 4. c. 44. Dum hæc agerentur, Sigebertus Rex gentes illas, quæ ultra Rhenum habentur, commovet, & bellum civile ordiens, contra fratrem suum Chilpericum ire destinat. Et post pauca: Obtestabatur enim Rex, ne hæc fierent; Sed furorem gentium, quæ de ulteriore Rheni amnis parte venerant, coercere non poterat. *Et cap. 45.* quod audiens Sigebertus, iterum convocatis gentibus, quarum suprà mentionem fecimus, Parisios venit.

(bbb) *Fredeg. cap. 38.* Teudebertus cum Saxonis Thoringis vel cœteris gentibus, quas de ultra Rhenum vel undique poterat adunare, contra Theodericum Tholbiacum perrexit. *Aim. l. 3. c. 97.* Theodebertus interea, qui fugam paraverat, distulit. Nam Saxones cœterasque superioris Germaniæ gentes in sui solatium sollicitans, bello in supra nominato apponit loco.

(ccc) *Fredeg. Chr. c. 40. Brunichildis Sigebertum filium Theuderici in Thuringiam direxit, gentesque ultra Rhenim attrahere &c.*

XI.

Nun aber uns zu jedem sothaner dißseitigen Länder insonderheit zu wenden/ so zeiget für das Hertzogthum Alemannen oder Schweitz/ samt Ober- und Unter-Schwaben / der Unfall seines Hertzogens Leutfridi, welcher bey König Childeberto in Austrasien in Ungnad gefallen / darüber flüchtigen Fusses ihm aber in der Verwaltung deß erledigten Hertzogthums von besagtem Childeberto Unselenus nachgesetzt worden. (ddd) Ferner auch daß Sigebertus I. als die Longobarden in Italien gewichen / einige von ihren ledig hinterlassene Sitze einem Theil seiner Schwaben zu beziehen angewiesen. (eee) Von der Schweitz aber insonderheit bestättiget deren Austrasische Ober-Bottmässigkeit der Einfall deren aus dem Wifflis-Burger-Gau (Pago Aventicensi:) so sie ihrem König Theodeberto II. zu Gefallen gegen dessen Bruder Theodericum über das Gebürg hinüber in die Graubinden und Wallisser-Land gethan; (fff) wie deßgleichen/daß jetztbesagter Theodericus seinem Bruder/ dem König in Austrasien/ wegen anmäßlich ungleicher

Theilung neben dem Elsaß auch das Zuger-Gau (Sugitensem Comitatum) zurück stellen müssen. (ggg) Und endlich andere Particularitäten mehr/ so in den Schweitzerischen alten Chronicken mit Uberfluß dargestellet werden.

(ddd) *Aim. l. 3. c. 77.* Sed & Leutfridus Alemannorum Dux offensam antedicti Regis incurrens, fugâ elapsus, ne morti adjudicaretur latuit, & Uncelenus loco ipsis dux institutus. *Idem recenset Chr. Fredeg.*

(eee) *Greg. Tur. l. 5. c. 15. Et quia tempore illo, quo Alboinus Longobardorum Rex in Italiam ingressus est, Chlotarius & Sigebertus Suabos & alias gentes in loco illo posuerunt &c.*

(fff) *Fredeg. Chr. c. 37. His diebus & Alemanni in pago. Aventicensi, Ultrajuranum hostiliter ingressi sunt.*

(ggg) *Aim. l. 3. c. 99. Conventus fratrum hujusmodi fuit, ut Alesatio & Sugitensi, Turonensi quoque & Campanensi Comitatu, Theodericus cederet, & ad Theodebertum jus omnium horum transiret,*

XII.

Aus Schwaben rücken wir mit der Donau in Bayern/ welches Hertzogthum in den damahligen Zeiten auch Oesterreich/ Steyer/ Kärnten/ Tyrol 2c. oder wenigst von jedem deren einen guten Theil begriffen. Von diesem/ daß es das Königliche Ober-Gebiet Austrasiens ebenermassen verehret/ macht ausfündig/ erstlich/ dieweiln es entweder durch Theodericum I. wie Brunnerus will/ (hhh) oder durch Theodebertum I. wie Vorburgius achtet (iii) beyde König in Austrasien/ dem Fränkischen Reich zugewendet worden. Muthmassentlich hat es Theodebertus noch in Vätterlichen Lebzeiten verrichtet/ massen er in seinem an Käiser Justinianum erlassenen/ und hierunten folgendem Schreiben sich die Uberwältigung deß Norici einiger massen beymisset. Es bewähret ferner seine Unterwürffigkeit an Austrasien/ daß gemeldter Theodericus der Austrasische König/ Bayerischer Gesetzgeber gewesen/ wie solches Brunnerus aus dem Codice Legum Francicarum, Alemannicarum & Bavaricarum darthut. Es redet eben solches auch das Unglück deß Bayerischen Hertzogens Garibaldi welcher von Königen Childeberto in Austrasien seiner Regierung entsetzt/ und ihme Thassilo zum Nachfahrer verordnet worden. (kkk) Endlich bezeuget es der Unfall Crodoaldi, eines aus dem Stamm der Agilolfinger/ von welchem Hause bekannt ist/ daß es einig hundert Jahr lang der Regierung von Beyern vorgestanden/ welchen Crodoaldum Dagoberti deß Austrasischen Königs Ungnad/ nicht weniger getroffen hat. (lll)

(hhh) *Histor. Bavar. l. 3.*
(iii) *Demonst. Hist. an. 538.*
(kkk) *Aim. l. 3. c. 77.* Porrò apud Bajoariam post Garibaldum Thassilo ab Childeberto Dux ordinatus est.
(lll) *Fredeg. in Chron. c. 52.*

XIII. Aus

XIII.

Aus dem Herzogthum Bayrn und demselben vielleicht dazumal zum Theil noch anhängigem Nordgau / schreite ich zu denen Thüringern / von welchen alle Fränkische Geschichten voll sind/wie erstlich Chlodovæus M. dieselbe im Jahr 494. Zinsbar gemacht.(mmm) wie König Theodericus von Austrasie und dessen Sohn Theodebertus I. deren Königreich und das Königliche Geblüt vertilget/das Land aber oberhalb der Unstrut/so den alten Nahmen annoch führet/dem Austrasischen Reich einverbleibet.(nnn) Daß also in einer klaren Sach sich wenig aufzuhalten. Es reden solches durch den hellen Buchstaben die Geschichten der Austrasischen Könige Sigeberti I. Childeberti, Theodeberti II. Brunhildis, Dagoberti M. und Sigeberti II. deren theils bereit hie oben angeführet werden. Insonderheit aber bemerken die Historien/ daß Herzog Rudolph in Thüringen gegen letzt-ernannten König Sigebertum einen verdrießlichen Aufstand erwecket/ welche durch die Untreu etlich anderer Austrasier / so mit Rudolphs heimlich unter der Deck gelegen/ einen sehr widerlichen Ausgang gewonnen. (ooo)

(mmm) *Chron. Moisac. sub Imperat. Zenone.*

(nnn) *Fredeg. in Chron. c. 33. Ipse Hermanfredus Thuringiæ Rex* à Theudeberto filio Theuderici interfectus est; Regnum Thuringorum Francorum ditioni subactum est. *Idem recenset Greg. Turon. Hist. l. 3. c. 7. Aim. l. 2. c. 9. & alii.*

(ooo) *Fredeg. in Chron. c. 87.* Cumque anno septimo Sigebertus regnaret, Rodolphus Dux Thuringiæ vehementer contra Sigebertum rebellandum disposuisset: jussu Sigeberti omnes leudes Austrasiorum in exercitum gradiendum banniti sunt.

XIV.

Thüringen weiset uns den Weg in Sachsen / das ist / so wol Ober- als Nieder-Sachsen / samt Engern und Westphalen / wie auch Oldenburg / Bremen / Holstein etc. Und zwar daß einige Sachsen Austrasien und dessen Königen untergeben gewesen / solches lehren unterschiedliche zwischen ihnen und jetztgemeldten Austrasischen Königen entstandene Mißhelligkeiten / Rebellionen und Kriege/ für anderen die Empörung/ deren sie sich gegen König Chlotarium den Ersten/ sobald selbiger zum Königreich Austrasien gelanget/ unternommen/ dem sie auch in seinem Anzug mit Güte anerboten/ die jenige Pflicht/und was sie ehemal Chlotarii Brudern und Vettern/ (nemlich Theoderico, Theodeberto I. und Theodewaldo Königen von Austrasien) geleistet / gleichfalls abzustatten. (ppp) Und obzwar in darauf gefolgtem Treffen/Chlotario der Sieg nicht fügen wollen/ ist die Unterwürffigkeit der Sachsen (Zweiffels-frey um willen das Glück sich wiederum auf die Franken gewendet/ obwol davon nichts aufgemerket ist) dannoch verblieben/ so gar der Tribut von ebenbesagtem Chlotario entweder erhöhet/ oder umschränket worden. (qqq) Derowegen sie auch nachmals von Dagoberto M. annoch König in Austrasien / wegen widerspänstiger Betragung mit Krieg überzogen/ und mit Hülff Chlotarii II. seines Vatters auf das Haupt geschlagen

schlagen worden. (rrr) Worauf sie wiederum zum Creutz gekrochen/ bis sie endlich von mehrbesagtem Dagoberto um anderer Verdienst willen/ zwar deß Tributs/ aber nicht der Unterthänigkeit erlassen worden. (sss) Angesehen sie unter denen jenigen Teutschen Nationen begriffen/ welche nach der Ermordung Chilperici III. Königs in Austrasien/und darauf gefolgten allgemeinen Trennung der Austrasier von den Neustriern/ sich so wol der Austrasier/ als aller Franken Botmässigkeit entschlagen wollen/ aber von Pipino Crasso oder Heristallio Herzogen in Franken wie wir in kurzen weiter anführen werden/ mit Gewalt wieder darzu gewiesen worden. (ttt) Ob nun aber hierunten alle Sachsen / nemlich zwischen Rhein und Weser die Engern und Westphalen/ zwischen Weser und Elb/ die Ostphalen/ und über die Elb die Transalbingi und Holsteiner ꝛc. zu verstehen seyen/ ist eine andere Frag. Ich halte aber / daß die Transalbingi so gewiß davon zu entnehmen/ als gewiß die Westphälinger und Engern darunter zu rechnen/ weiln sich schwerlich finden wird/ daß die Fränkische Waffen vor Carolo M. über die Elb gekommen/ herentgegen alle Fränkische vorgehende Krieg mit den Sachsen an der Weser geführt worden. (uuu) Daß aber auch die Ostphälinger zwischen Elb und Weser/ das Austrasische Ober-Gebiet erkennet/ erhellet ob deme/ daß Chlotarius II. dieselbe um ihrer Empörung willen/ nach der Schärffe zu straffen/niemanden aus ihnen bey Leben gelassen/so die Länge seines Schwerdts übertroffen; (xxx) zu geschweigen daß die Ober-Sachsen/ welche/ wie erst berühret worden/ ihre Sitz/ als einen Theil von Thüringen/ durch die Austrasische Könige überkommen/ gleich dazumal bey Fränkischer Bottmässigkeit behalten worden. Von den Friesen/ das ist/ denen Völkern zwischen dem Mund der Weser/ und deß alten mittlern Rhein-Arms dem Seestrand nach/ nemlich dem heutigen Ost-und West-Friesland/ Süd-und Nord-Holland zum Theil/ auch theils Geldern und Ober-Yssel/ und denen von Drente zeiget das Austrasische Gebiet/ weilen sie anderer Gestalt keiner Empörung und Ungehorsams gegen die Austrasier hätten können beschuldiget/ noch unter solchem Fürwand von Pipino Crasso bekrieget/ und zu jährlichem Tribut verpflichtet werden. (yyy)

(ppp) *Greg. Tur. l. 3. c. 10.* Eo anno rebellantibus Saxonibus Chlotarius Rex commoto contra eos exercitu maximam eorum partem delevit. *Et c. 10.* Igitur Chlotarius post mortem Theodewaldi cum Regnum Franciæ suscepisset, atque illud circumiret, audivit à suis iterata insania effervescere Saxones, sibique esse rebelles, & quod tributa, quæ annis singulis consueverant ministrare, contemnerent reddere. His incitatus verbis ad eos dirigit. Cumque jam propè terminum illorum esset, legatos ad eum mittunt dicentes: Non enim sumus contemptores tui, & ea, quæ fratribus ac nepotibus tuis reddere consuevimus, non negamus &c.

(qqq) *Aim. l. 4. c. 26.* Quingentas namque vaccas inferendales à Chlotario seniore Chlodovæi filio Chilperici Patre Regiæ mensæ inferre jusserant.

(rrr) *Aim. cit. l. 4. c. 18.*

(sss) *Fre-*

(sss) *Fredeg. in Chron. c. 74.*
(ttt) *Vid. proximè §. 16.*
(uuu) *Aim. cit. c. 18.*
(xxx) *Ibid.*
(yyy) *Vid. d. §. 16.*

XV.

Und so viel sey genug von denen Alemanniern/ Bayern/ Thüringern/ Sachsen und Friesen/ auch denen jenigen Teutschen Völkern/ so zu unsern Tagen andere Namen führen/ doch unter jetzt-gemeldten Vor-Zeiten begriffen gewesen. Nun ist noch übrig/ daß wir auch deß zwischen allen denselben/ und dem Uber-Rheinischen Austrasien belegene Frankenland/ samt der Bergstraß/ den Rheingaw/ der Wedderaw/ Hessen und Westerwald berühren. Aber hierdurch selbsten/ und daß solche den Mittel-Punct/ und gleichsam den Kern von Austrasien dargestellet/ und rund herum von lauter Austrasischen Ländern bezirket gewesen/ ergiebt sich die klare Nothwendigkeit/ daß sie ebenfalls ein Angehör desselben müssen ausgemacht haben. Es kan sich aber dessen die Folge noch weiter machen/ wann man bedenkt/ daß neben Westphalen eben solche Länder das eigentliche uralte Heimat/ und die wahre Geburtstatt Franken gewesen/ von wannen unsere Alte um sich greiffend/ erstlich den vornehmsten Theil Galliens/ hernach die Alemannier/ Burgunder/ Wisigothen/ Thüringer/ Bayrn und Sachsen/ unter ihren Gehorsam gebogen/ und unter diesem allen dißseit Rheins nemlich im Orientalischen Theil der Fränkischen Monarchie gelegen gewesen. Endlich kan kein Zweiffel dessen mehr hafften/ wann man ansiehet/ daß eben dieses Franken/ Hessen rc. den eigentlichen und Special-Namen Austrasiens dißseit Rheins geführet/ und die jenige sonderbare Provinz vorgestellet/ von deren Zureden/ wir hierbey §. 4. bis anhero verschieben wollen. Es ist solches unschwer zu erheben; der Name selbst bringt es mit sich. Dann wie bereit angeregt/ seynd die Wörter Francia Orientalis (welcher Nam dem vornehmsten Theil besagter Länder noch jetzund eigenthümlich anhanget) und Austrasia nichts als lautere Synonima denen gleich gehet/ die ihnen ebenfalls eigentlich zukommende Benahmung Osterliudi, das ist/ Oster-Volk/ zuweilen Populi Australes sive Orientales, mit einem Wort/ Austrasii. (zzz) Ich will es weiter erweisen mit der Theilung/ so Ludovicus Pius An. 839. unter seinen Söhnen Käiser Lothario und Carolo Calvo, mit Ausschliessung Ludovici Germanici gemacht hat/ und zwar mit dem jenigen/ so darinnen Lothario zugeschrieben worden. (aaaa) Dann nachdeme die Ober-Rheinische zwischen Maas und Rhein begriffene Länder durch die Einführung Ducatus Mosellicorum, Comitatus Arduennensium, Ducatus Condorusto, Ducatus Ribuariorum, Wormazfelda, Sperohgowe (Wornbser- und Speyr-gaw) und Ducatus Helisatiæ voran geschickt worden: langet ermeldte Theilung zu den dißseitigen/ und verstehet unter dem Ducatu Alemanniæ und Curiæ das Schweitzerland/ so dis- als jenseit Rheins/ das Allgaw samt Ober- und Unter-Schwaben/ auch der

Marggrafschafft Baden. Unter dem Ducatu Austrasiorum cum Sunalafelda & Norogo, Wiechesi, (solte heissen Norogowe, Chesi, gleichwie hie oben Sperohgowe) das jenige/ so wir bald sagen wollen; Unter dem Ducatu Thoringubæ cum archis suis (solte es heissen cum marchis suis) das heutige Thüringen / samt der gegen die Sorben Wenden aufgerichteten Marggrafschafft/ so jetzund Meissen heisset; unter dem Regno Saxoniæ cum archis (marchis) suis, Ober- und Nieder-Sachsen/ Westphalen/ samt der gegen die Obotriter und andere Wenden aufgerichteten Mark/ so nun die alte Brandenburger-Mark genennet wird; unter dem Ducatu Fresiæ usq; ad Mosam, Ost- und West-Friesen/ samt Nord-Holland xc. Endlich unter den Grafschafften Hamarland, Batavorum, Testrabent, Doresta-do &c. Süd-Holland Theils/ wie auch viel von Geldern und Cleve disseit Rheins/ von Ober-Yssel und vielleicht anders mehr besser herauf/ welches zu untersuchen die Kürze nicht leidet/ auch nicht nöhtig ist. Sintemalen aber nun hierinnen alle Teutsch-Fränkische disseitige Länder ausser Bayrn (so dem Ludovico Germanico Ludovici Pii zweytgebornen Sohn beypflichtig/ dannenhero in sothane Theilung nicht gehörig war) und ferner deß Frankenlands Hessen / Wester-Walds xc. deutlich begriffen: so stellet sich ganz klar zu Tage/ daß diese letzternannte Stück/ unter denen Namen Ducatus Austrasiorum, Norogowe, Chesi eigentlich verborgen ligen. So gar auch geben dieses Norogowe und Chesi (Nordgaw und Hessen) zu erkennen/ daß durch den Ducatum Austrasiorum ihr benachbartes oder zwischen inligendes Frankenland zu nehmen. Diesem kommet ferner zu Hülffe/ was die Annales Bertiniani. (bbbb) Von gedachtem Ludovico P. gedenken/ daß derselbe gegen die Einbrüch und Streiffe den Heydnischen Sorben-Wenden/ die Sachsen gegen die Obotriten aber (Meckelburger xc.) die Austrasier seyn aufgebotten worden / so ja hoffentlich niemand von denen weitentsessenen Uber-Rheinischen Austrasiern wird verstehen wollen. Es erhellet noch mehr/ daß als nach dem verfallen Ludovici P. dessen Sohn Ludovicus Germanicus damals nur König in Bayen sich durch obenangeführte vätterliche Theilung zur Ungebühr vernachtheiliget hielte: er fast das ganze disseitige Teutschland oder Ost-Franken / mit Lieb oder Leid an sich gebracht/ worunter dann auch die Austrasier mit deutlichen Buchstaben gezählt werden/ welches ja auf niemand anders/ als die Ost-Franken/ oder das Frankenland samt Hessen sich mag reimen lassen. (cccc) Endlich will ich noch beybringen/ was das Chronicon Francorum Hildesheimense von S. Bonifacio Erz-Bischoff zu Mainz anziehet/ daß er eine Menge Hessen/ Thüringer und Austrasier zum Liecht deß Christlichen Glaubens gebracht. (dddd) Dann daß er dergleichen bey den Uber-Rheinischen Austrasiern geleistet / wird kein Verständiger wähnen; angesehen selbige allschon längst vorher/ und mit Chlodoveo M. Christo beygepflichtet/ oder/ besser zu reden/ selbiges ganze Land allschon Christlich gewesen/ längst bevor die Franken einen Fuß hinüber gesetzt/ und noch länger ehe S. Bonifacius zur Welt gebracht worden; daher entgegen bekannt ist / was S. Bonifacius bey denen disseitigen Franken und Hessen xc. gethan hat. Daß aber Hessen zuweilen ken von Austrasien/ wie allhie/ abgesondert wird/ ist die Ursache/ daß es nach und nach als ein ansehnliches/ für sich selbst bestehendes Stück deß Fränkischen Herzogthums sich unter seinem eigenen Namen hat herfür thun wollen. Dann daß es sonsten eigentlich eine Zugehör deß Ost-Frankenlands gewesen/ ergiebt sich unter unzählig andern Anzeigen auch aus deme/ daß König Conradus I. und seine Vor-Eltern von allen Historicis Herzogen oder Grafen in Franken genennet werden/ da er doch für seiner Erhebung zum Ost-Fränkischen oder Teutschen Königreich in Hessen und der Wetteraw geherrschet und zu Fritzlar Hof gehalten. Zu geschweigen die Chatti von den uhrältesten Fränkischen Historicis, noch ehe die Franken über Rhein gesetzet/ namentlich unter denselben begriffen werden.

(zzz) *An. Met. ad an. 688.* Pipinus successibus prosperis Orientalium Francorum, quo sibi propriâ linguâ Osterliudi vocant, suscepit principatum.

(aaaa) *Ann. Bertin. ad An. 839. in hunc modum tabulas divisionis quoad sortem Lotharianam referunt:* Ducatum Mosellicorum Comitatum Arduennensium, ducatum Condoructo, inde percursum Mosæ usque in mare. Ducatum Ribuariorum, Wormazfelda, Sperohgowe, Ducatum Helisatiæ, Ducatum Alemanniæ, Curiam, Ducatum Austrasiorum, cum Sunalafelda & Norogo Wiechesi, Ducatum Teoringubæ cum archis suis, Regnum Saxoniæ cum archis suis, Ducatum Fresiæ usque ad Mosam, Comitatum Hamarlant, Comitatum Batavorum, Testrabentium, Dorestado &c.

(bbbb) *dd. Ann. Bertin. ad ann. 839.* Dispositis quoque expeditionibus Saxonum adversus Soraborum, & Wilsorum incursiones, qui nuper quasdam ipsius Marchiæ Saxonicæ villas incendio cremaverant, & Austrasiorum, Thoringorumque contra Abodritorum, & qui dicuntur Lino defectionis.

(cccc) *dd. An. Bertin. ad ann. 841.* HLudovicus partim terroribus, partim gratiâ Saxonum quidem complures Austrasiorum, Thuringorum atque Alemannorum suæ omnes subjugat ditioni.

(dddd) *Quod edidit Chesnæus, ad an. 741.* Bonifacius vir Sanctus de genere Anglorum Legatus Germanicus Romanæ Ecclesiæ, Maguntinæ Civitatis Episcopus ordinatur, qui prædicatione suâ multos populos Thoringiorum, Hessorum, nec non Austrasiorum ad fidem convertit.

XVI.

Was nun bißhero von denen dißseitigen Teutschen/ zum alten Königreich Austrasien gehörigen einzelen Herzogthümern aus denen allgemeinen Fränkischen bewährten Historiis klar gemacht worden: solches könte noch mit unzählichen/ aus eines jeden derselben sonderbaren Geist- und Weltlichen Geschichten/ auch aus Kirchen-Stifftungen und dergleichen mehr gezogenen Gründen ausgeführet werden. Es wäre aber solches nicht allein der einmal beliebten Kürze entgegen/ sondern auch ein Uberfluß. Derowegen will ich allein noch zwey alle dißseitige Austrasische Zugehörungen betreffende Zeugnussen beybringen deren eines bey nahe vom ersten Ursprung deß Königreichs Austrasien/ das andere aber von dessen Erlöschung hergehohlet wird. Jenes gibt uns an die Hand deß ersten Königs in Austrasien Theoderici Sohn und Nachfolger Theodebertus I. der berühmte Held/ so nach dem Beyspiel Attilæ, doch nicht nach dessen Wütterey/ mit denen Gedanken umgegangen/ durch an sich Ziehung der Schlavischen und Hunnischen Nationen dem Römischen Reich unter Käiser Justiniano völlig über den Leib zu gehen/ aber darüber von dem Tod übereilet worden ist. Dieser führet in einem an besagten Käiser Justinianum (von welchem er einiger massen verächtlich angelassen war) abgegebenem Schreiben die jenige Völker/ sowol in Teutschland als Gallien an/ so durch ihne dem Austrasischen Scepter zugewendet worden/ und spricht folgender Gestalt: **Nachdeme Ihr zu wissen Sorg tragt/ welcher Orten der Welt wir Uns aufhalten/ was für ein Land und Leute sich unsere Botmässigkeit unterwürffig bekennen: So sey euch unverhalten/ daß wir die Thüringer unter Uns gebracht/ und deren Königreich bemächtiget/ ihre König vertilget; daß Uns die Norsauer** (vielmehr Norgauer/ nemlich die Ober-Pfalz/ oder auch Osterreich/ Steyr/ Kärnten/ als das alte Noricum, etwan auch Bayrn) **sich untergeben; Die Wisigotthen/ so das Nordertheil deß Fränkischen Reichs innen gehabt/ haben wir überwunden; Pannonien samt den Sachsen haben sich unserm Gehorsam unterworffen; Unser Gebiet erstrecket sich von der Donau herüber/ und durch die Gränzen Pannoniens/ bis an das Gestad deß grossen Welt-Meers.** (eeee) Sintemalen nun die Gränz-Linien deß Königreichs Austrasien von der Donau herüber/ durch die Mark Pannoniens oder Ungarns/ vor dem Böhmerwald hin/ bis an die Teutsche See/ oder den Oceanum Germanicum nicht können gezogen werden/ man begreiffe dann alle disseitige Teutsche Länder/ wenigst bis an die Elbe darunter/ zumahlen die Sachsen wenigst/ deren ein Theil mit Namen unter die hinzu gebrachte Völker gesetzet werden: So folget/ daß dieses von den disseitigen Austrasischen Ländern/ einig und allein genugsam seyn würde/ insonderheit/ da ja niemanden als einem König der Austrasier/ und zwar einem Theodeberto die Erstreckung seines Gebiets besser kan seyn bekannt gewesen. Das andere Zeugnus nehme ich von dem allschon offtgemeldten Pipino Crasso oder Heristallio, welcher sein Vätterlich angestammetes Erb-Fürstenthum zu Franken und Hessen angetretten/ eben um die Zeit/ da alle Austrasische Franken wegen jämmerlicher Ermordung ihres Königs Childerici von denen Neustriern ihren völligen Abtritt genommen/ und die Gemeinschafftliche Regierung mit ihnen/ wie es scheinet/ dem Vorhaben nach auf ewig abgebrochen hatten. Welcher Verwirrung als sich die Schwaben/ Bayrn/ Sachsen/ Friesen/ und wie die deutliche Worte ausdrucken/ andere Völker mehr (muthmassentlich einige Wenden) die allesamt vorhin mit saurer Mühe/ zu Fränkischer Bottmässigkeit gebracht worden waren/ bedienen/ und in völlige Freyheit wiederum erschwingen wollen: seynd sie in kurzem durch die thätige Hand und Tapferkeit deß besagten Pipini, als Mitherrschers in Austrasien/ wiederum in die

Schran-

Schranken der Schuldẽ Ehrerbietung und Unterwürffigkeit an Austrasien gebracht worden. Welches ja klärlich für Augen liegt/ daß sie alle ein ansehnliches Stück solchen Königreichs vorhero müssen ausgemacht haben. (ffff)

(eeee) *Epist. 19. inter Epistolas Regum Francorum, editionis Freherianæ hujus partem in sequentibus damus*: Domino Illustri & Præcellentissimo Domino & Patri Justiniano Imperatori, Theodebertus Rex, &c. &c. Id verò, quod dignamini esse solliciti, in quibus provinciis habitemus, quæ gentes nostræ sint, Deo adjutore, Ditioni subjectæ? Dei nostri misericordiâ feliciter subactis Thoringis, & eorum provinciis acquisitis, extinctis ipsorum tum temporis Regibus, Norsavorum (*Norgavorum, Noricorum*) gentis nobis placata Majestas colla subdidit, Deoque propitio Wisigothis, qui incolebant Franciæ Septentrionalem plagam, cum Saxonibus Eucys, qui se nobis voluntate propriâ tradiderunt, per Danubium & limites Pannoniæ usque in oceani littoribus, custodiente Deo, dominatio nostra porrigitur &c.

(ffff) *Ann. Met. ad ann. 688.* Pipinus successibus prosperis Orientalium Francorum, quos illi propriâ lingua Osterliudo vocant, suscepit principatum. Hinc Suabos & Bajoarios & Saxones crebris irruptionibus, frequentibusque prœliis contritos, suæ ditioni subjugavit. Hæ enim gentes olim & aliæ plurimæ multis sudoribus acquisitæ Francorum summo obtemperabant imperio. Sed propter desidiam Regum & domesticas dissensiones & civilia bella, quæ in multas partes divisi regni ingruerant, legitimam dominationem deserentes, singuli in proprio solo armis libertatem moliebantur defendere. *Et ad ann. 691.* Invicto Principi (*Pipino*) certamen instabat, id est, contra Saxones, Frisiones, Alemannos, Bajoarios &c. Harum enim gentium Duces in cotumaciam versi à Francorum se dominio per desidiam præcedentium Principum, iniquâ præsumptione abstraxerint, &c.

XVII.

Nachdemmalen nun hiemit die Erstreckung deß Königreichs Austrasien bis an die Elb/ das Böhmer-Gebürg und die Ungarische Grenzen/ sattsamlich entdecket worden: Als ist für diesen ersten Theil unsers fürgenommenen Berichts allein noch übrig/ die in selbigen vor Alters begriffen gewesene Länder nach heutiger Beschaffenheit namentlich zu führen. Es waren derowegen jenseit Rheins/ die Schweitz/ Grawbünden/ das Ober- und Unter-Elsaß/ samt dem Sündgaw/ die Unter-Pfalz/ das Westerreich/ samt der Saar und dem Moselstrom/ die Herzogthümer Lothringen/ Lützenburg/ Limburg/ Gülich/ Cleve/ Geldern/ Braband/ Zweybrücken und an der Maas; das Fürstenthum Simmern; die Graffschafften Namur/ Hennegau/ Flandern/ Seeland/ Holland; wie auch die in aller deren Bezirk gelegenen Erz- und Hochstiffter Costnitz/ Basel/ Straßburg/ Metz/ Verdun/ Speyer/ Worms/ Maynz/ Trier/ Cölln/ Lüttig/ Cambray/ Utrecht/ dißseit Rheins/ aber die Herzogthümer Schwaben/ Würtenberg/ Bayrn/ Oesterreich/ Steyr/ Kärnten/ dann die Ober-Pfalz/ Franken/ Braunschweig/

 und

und Lüneburg / Sachsen / Brehmen / Verden / dann Magdeburg und Lauenburg zum Theil; dann Engern / Westphalen und Berg / die Marggrafschafften Baden / Burgau und theils Meissen; auch der Theil von der alten Brandenburgermark / so an der Elbe Westen-werts gelegen; die Land-Grafschafften Hessen / Thüringen und Leuchtenberg: Die Fürstenthümer Halberstadt / Anhalt / Minden / Hohenzollern / Ost-Friesen / die Burg-Grafschafft Magdenburg; die Fürstl. Grafschafften Tyrol / dabey Nassau / Oettingen / Oldenburg / Mark / Ravenspurg / West-Frießland / Zutphen / Süd-Holland / Overysel / Gröningen / etc. Vorderst die in allem diesem Begriff enthaltene Ertz- und Hoch-stiffter Trentt / Chur / Brixen / Augspurg / Freysingen / Saltzburg / Passaw / Regenspurg / Eystadt / Würtzburg / Bamberg / Paderborn / Oßnabrüg / Münster / Hildesheim; die Gefürstete Abteyen Fuld / Kempten etc. Endlich alle / so diß- als jenseit Rheins hierunter befindliche andere Geist- und Weltliche Fürstenthümer / freye Stiffter / Reichs-Graf- und Herrschafften / der unmittelbare Reichs-Adel und die Reichs-Städte. Ich getröste mich allem Zweiffel / so hiegegen einkommen möchte / also fürgebogen zu haben / oder wenigst / da es nöthig / also noch zu begegnen / daß das geringste darwider nicht hafften möge. Es wird auch hierinnen der wahre Entwurff Austrasiens weit besser / als in einiger Land-Karten können in die Augen gefasset werden; daß es demnach gantz kein grosser Verlust ist / daß die neulich in Frankreich darüber herausgegebene Tafel / weiß nicht aus was Ursach / so geschwind wiederum in Holland und anderswo aufgekauffet und verzucket worden; Vielleicht damit Teutschland die Augen nicht zu viel solten aufgethan werden.

XVIII.

Gleichwie nun solcher Gestalt die Grentzen deß alten Austrasiens von der Grafschafft Burgund bis an Ungarn / von den Ardennes bis auf dem Böhmer-Wald / von den Flandrischen Küsten bis an der Elbe geführet / und zwar der Kürze nach / alles mit tauglichen gnugsamen Zeugnüssen beleget worden: also wollen wir anjetzo zum andern Theil unsers Vorhabens schreiten / und erweisen / daß Frankreich seine unlängst auf einige Ober-Rheinische Reichs-Länder ersonnene Zuspruch und Dependentzen / wann sie in andern Dingen von dem geringsten Bestand seyn sollen / nothwendig auch über angeführtes völlige Austrasien / ja so gar noch weiter durch die Wendische Land / bis an die Oder und Weichsel / einfolglich über das heutige gantze Teutschland und Königreich Böhmen / samt dem Vornehmsten von Groß- und Klein-Pohlen neben der Massaw / ferner über Preussen / Chur- und Liefland / endlich auch über das Königreich Dännemark erstrecken / oder aber gerad zugestehen müsse / daß besagte Dependentzen gantz in der Wurtzel untüchtig und von keinem Werth seyen / demnach so wenig ein eintzer Fuß breit Landes jenseit Rheins / als alles anjetzo beygebrachtes unter diesem Fürwand möge berücket werden. Zu diesem Ende aber will ein / ob zwar seiner Kürze wegen unvollkommener Entwurff Frantzösischen dabey üblichen Verfahrens voran schicken

schicken seyn. Dann wiewolen es billich ersten Anblicks ganz verwunderlich / ja unglaublich fürkommen muß / daß jemand ein all schon vor den Zeiten Pipini Crassi, Herzogens in Franken / eigentlich davon zu reden / erloschenes / verstorbenes / und e rerum natura gänzlich verschwundenes Königreich / nach einem Verlauff von neunhundert Jahren / gleichsam wie eine längst-verschimmlete und vermoderte Leich / wiederum aus dem Abgrund deß Nichts herfür zu suchen / aufzustellen / zu beseelen / und als mit lebendigen Farben anzustreichen sich nicht entblöden möge: So macht doch der klare Augenschein auch das Unglaubliche glaublich / und erzeigt sich solches nicht allein bey jenen bekannten / durch ihre Schrifften für den Tag gedrungenen Fürfechtern Französischer fast über die ganze Welt gestellter Forderungen / im hellen Buchstaben / sondern auch nunmehr durch die Welt-kündige Thaten selbst an dem Rhein ganz deutlich. Solches nun mit was Grund / oder vielmehr Ungrund es zugehe / will fast schwer seyn / auf das Papier zu bringen. Muß sich also nur mit einem geringen Theil / und gleichsam einem Muster zu vergnügen seyn / sintemalen kein Proteus jemal so viel unterschiedliche Angesichter zum Vorschein gebracht / als mit unterschiedlichen Larven die Französische Dependenzen noch immerfort an das Liecht tretten. Bald muß sich unter dem Namen von Dependenzen fassen lassen / was weder in der Eigenschafft deß Worts / noch in dessen üblichem Verstand / wann man solchen auch gleichsam mit den Zähnen ausdähnen wolte / mag begriffen werden. Bald muß für eine vollkommene Dependenz durchgehen / was allein secundum quid, und nur auf einer Seiten anhängig gewesen / und eine blosse Schutz-Vogt- oder Lehens-Gerechtigkeit muß sich zur vollständigen Unterwürffigkeit verdrehen lassen. Bald müssen Geistliche Dependenzen herfür / wo die Weltliche nicht aufkommen mögen. Blosse Geistliche Stifftungen der alten Fränkischen König müssen genug seyn / eine Französische Königliche Bottmässigkeit darauf zu gründen; welches sich Zweifels ohn / wie anders mehr / aus dem Alcoran hat erlernen lassen / vermög dessen das Land / worinnen eine Moschea erbauet ist / Mahometanischer Herrschafft verfallen seyn solle. Also auch müssen Hauptstädt / so für ihren Neben-Städten kein ander Vorrecht / als etwa deß ersten Orts / oder deß Königlichen Hoff-Lägers gehabt / sich für solche Haupt-Städt / wie für Zeiten Rom gewesen / und noch jetzo Venedig und Genua sind / ausziehen lassen. Also werden Dependenzien von Dependenzien ersonnen / Affter-Dependenzien / in den dritten / vierdten / fünfften / ja wann es nur dem Französischen Interessen mag zu Fuge kommen / bis an den hundertsten Absatz / oder Grad. Also muß auch diejenige Dependenz / so bereit vor etliche hundert Jahren von ihrem Principali rechtmässig abgekommen und zu eigener Subsistenz gelanget / noch jetzo so gut eine Französische Dependenz heissen / ob wäre sie nicht einen Augenblick eigenen Rechtens gewesen. Also muß sich unter die Französische Dependenzen zehlen lassen / was sothane befreyete Dependenzen hinwiederum als Dependenzen an sich gebracht / das doch mit dem ersten nunmehr Französischen Principali die geringste

Verwand-

Verwandschafft jemal nicht gehabt; So gar auch / wann es gleich von neuen davon abkommen / und zwar undenklichen Jahren / bevor sein Principale unter die Französische vermeinte Dependenzen wiederum verworffen worden. Also wann eine rechtmässig abgekommene Dependenz ihr Principale von Zeit ihrer Befreyung durch geneigtes Glück an Grösse / Würde und Reichthum fast unendlich überstiegen: kan solches so viel nicht zu wege bringen / daß sie der Niedrigkeit deß Anhangs einer andern liederlichen Sache entbunden bleibe. Also wann auf einem Grund / der etwan vor Alters eines nunmehr zu den Französischen Conquesten gehörigen Dorffs gewesen / inzwischen ganze Haupt-Vestungen oder deren fürtreffliche Theil angelanget worden / so müssen solche Haupt-Vestungen / oder deren fürtreffliche Theil / sich ohne alle Gnade und Barmhertzigkeit für Dependenzen deß nunmehr Französischen Dorffs schelten und handeln lassen. Nicht weniger wann etwann die Gründe eines cedirten Meyerhofs bis an die Graben einer fremden Haupt-Vestung langen / so soll Frankreich befugt seyn / eine andere Vestung / so gar auf jener ihre Contrescarpen zusetzen / wann es nur auf Grund und Boden deß cedirten Meyerhofs beschiehet. Wiederum muß sich zur Dependenz einer Französischen Conqueste machen lassen das jenige / so mit selbiger für Zeiten unter einer Herrschafft / ob zwar unterschiedlichen Rechtens / gestanden / wann nur / wie zu geschehen pfleget / die Jurisdictionalia im wenigsten vermischt worden. Ingleichem muß sich unter die Dependenzen verdrucken lassen / das jenige / so nur eine Gleichheit deß Namens mit dem Conquestirten oder Cedirten führet / ob es gleich in der That mehr als Tag nnd Nacht voneinander unterschieden. Damit alles soviel kräfftiger sey / wird jede Conqueste zum Königlichen Domaine erhoben / und derselben das herrliche Privilegium angeschieret / daß in Ewigkeit nichts davon abkommen / oder veräussert werden möge. Dieses Privilegium deß Königlichen Domaine ist von so sonderbarer Art / daß es auch / auf die bereit vor etlich hundert Jahren / und ehe jemand traumen können / daß das Unglück der Dependenzien und Affter-Depenzien oder deß Königlichen Domaine einschlagen möchte / beschehene Veräusserungen sich mag zurück ziehen lassen. Ob auch zwar bekannten Rechtens und der Vernunft ganz gemäß ist / daß niemand einem andern mehr übertragen könne / als dessen er selbsten mächtig gewesen; So sind doch die an Frankreich beschehende Ubertragungen oder Cessiones so glückselig und gesegnet / daß sie der Cron flugs zehenmal mehr Rechtens zueignen / als der jenige selbst / von dem sie herrühren / sich jemals anmassen können. Neben dem allen seynd die Französischen Dependenzen so hoch begabet / daß auch jede irgendwo in einer Registratur gefundene / von den Mäusen Credenzte Scarteque auf deren Autorität unter Privat-Personen einer Parthey nicht 10. Creutzer wehrt / ab- oder zugesprochen werden könnte / eine vollkommene Bewährung vertretten muß. Gelanget dann die Sach zur Thädigung wegen deß Werths oder Unwerths angemaßter Königlicher Berechtigungen: so ist der König befugt / durch die Seinige zugleich Parthey / Zeug und Richter zu seyn / ungeachtet darinnen

kein

kein anderer Richter noch Gesetz / als GOtt und das allgemeine Völker-Recht Platz finden könnte / angesehen er es mit einem eben so souverainen Reich zu thun hat / als das Seinige ist. Will man sich dann gleichwol zum Uberfluß bequemen / und in rechtliche Ausführung einlassen / so ist die Execution vor der Thür / bevor man einmal zu einer rechtschaffenen Verhör gedeyhen mögen. Für allein wird die in natürlichen Göttlichen und aller Völker Rechten gegründete Würkung eines undenkliche Jahr hergebrachten Besitzes / der Verjährung / und der bekannten Richtschnur Rechtens / **daß in zweiffelhafftigen Dingen dem besitzenden Theil der Vorzug gebühre** / nicht anderst abgewiesen / als ob es eitel vorlängst verworffene und verbannte Ketzereyen wären / und was dergleichen unziehliche Sauberkeiten alltäglich mehr auf das Bret kommen.

XIX.

Falls nun hingegen jemand in die albere Einbildung verfällt / sich zu bereden / ob möchten die Franzosen etwan durch vernunftmässige Fürstellungen auf den Weeg der Gebühr geleitet / und von ihrem unbilligen Verfahren abgewendet werden / demnach ihnen für Augen ligt / wie sehr es wider aller Menschen Verstand lauffe / daß jemanden in einem Vergleich / Friedenshandlung / oder sonsten durch Abtrettung und Ubergab zu seiner prätendirten Satisfaction / mehr seye überlassen worden / als demselben zu begehren jemal zu Sinn gestiegen; daß mehr in einen Vergleich gebracht sey / als jemal strittig gewesen; daß die Wort eines Contracts oder Vergleichs so weit ausgedähnet und zerzerret werden / bis die Sachen in ärgern Stand gerathen / als sie in währender Streit-Befahrung gewesen / daß klare Sprüch und Ausdruckungen durch dunkele / **Gewisse durch Zweiffelhaffte sollen ausgedeutet und erläutert werden**; daß Exceptiones oder Ausnahmen nach den General-Verordnungen geachtet / und diese durch jene nicht mögen eingeschränket werden: so muß sich all solches durch die Französische überwitzige Weisheit für eitel Schulfüchsereyen schelten und höhnen lassen. Zeigt man / wie eine gewaltige Klufft da sey / zwischen einer blossen Königlichen Hofflägerstadt / und der jenigen / in welcher das eigentliche Wesen und die hohe Macht der ganzen Republic gestanden: So ist ihnen solches lauter Gedicht. Erweiset man / daß die von einer Herschafft oder Domaine bonâ fide und dem Herkommen nach rechtmässig veräusserte Stück / zumal deren ferner an sich gebrachte Zugehörungen für keine Dependenzen oder Affter-Dependenzen deß ersten Principalis mögen genommen werden: So muß man in allen Rechten für einen Idioten passiren. Gleicher massen / wann bewähret wird / daß nicht nur gemeine Herschafftliche / sondern auch Fürstliche und Königliche Domania denen Veränderungen / wenigst in Ansehen auswärtiger Nationen so gut als alle andere Ding unterworffen: So stopfft man die beyde Ohren mit Fingern zu / als ob es Gotteslästerungen wären. Will sich nicht begreiffen lassen / mit was Billigkeit grosse Städte oder deren Ring-Mauren / Bollwerk und Graben / auch ganze Haupt-Vestungen / so mit Einwilligung zeitlicher Ober- und Eigenthums-Herren auf einem dazumal nicht Französischen Grund erbauet worden / unter Vorwand eines nunmehrigen Königlichen Domaine, und dessen unmöglicher Veräusserung zurück gezogen / und zum Anhang etwann eines Bauren-Hofs / Dorffs oder Edelsitzes gemacht werden: So ist man nicht spirituel genug/ein so delicates Französisches Raisonnement zu fassen. Daß jemand einem andern mehr Gewalt einraumen könne/ als er selbsten mächtig gewesen / dessen Gegentheil wissen die Franzosen nach ihrer neuen Philosophie weit besser. Daß Geistliche Stifftungen aus ihrer Natur weltliche Bottmässigkeit einführen / ist unerhört / und kan in keinen Rechten bestehen. Und dannoch muß es in dem Französischen Dependenzen-Kram für Kauffmanns-Gut durchgehen. Legt man für Augen / wie manche Sach in strittigen Jurisdictions-Besahungen etwann von einer Parthey nur einseitig zu Papier gebracht / in selbiger Registratur hinterlegt / von dem Gegentheil nicht gültig erkennet / weniger von einem Richter validirt worden / auch wann sie gleich damals von Kräfften gewesen wäre / wie vielerley Dings sich in so langer Zeit habe entzwischen legen oder sonst herfür thun können / wodurch auch die allerfesteste Bande zu Unkräfften hätten verfallen mögen/ demnach die höchste Ungebühr seyn wolle / seinen Nachbaren eines wol hergebrachten langwierigen Besitzes / auf so ungewissen Grund zu entsetzen: So scheinet es eben / als wann die Französische Nation für andern privilegirt wäre/ ihre Forderungen durch halbe Proben/ auch durch blosse baufällige Muthmassungen/endlich mit ihrem blossen Geschwätz / an statt der allervollkommensten Beweisthum durchzutreiben. Murret man gegen die ungewöhnliche und gewaltthätige Proceduren/ wo Parthey / Zeug / Richter alles einerley / dazu forum incompetens ist / da schreyet man alsobald: Philister über dir! und wird dem vermeintlich Widerspenstigen Galeeren / Galgen und Feuer an den Hals gedrohet.

XX.

Es will aber für anderem das jenige/so von einer unmöglichen Veräusserung Französischer Cron-Güter eingespielet wird / in etwas näheren Augenschein zu nehmen seyn. Dann bis zu unser Vätter Zeiten hat man überall einhellig geglaubt/ es wäre kein Eigenthum/von was Art es immer wolte / so vest noch stark / welches durch einstimmigen Willen aller Theil-habenden und Interessirten auf die in Völker-Rechten hergebrachte Weg nicht solte auflöslich seyn. Aber bey etwann fünffzig Jahren her / hat Frankreich die Welt deßfals mit einer neuen Glaubens-Lehr beseliget. Nemlich: was einmal mit Französischer Ober-Bottmässigkeit befangen und der Kron einverleibt gewesen / das möge durch keine ersinnliche Menschliche Verordnung oder Macht mehr davon abgeledigt werden. Nicht durch das gewaltsame Recht der Waffen/noch durch gütliche Verträg/noch Friedens-Schlüß/ noch Erb-oder andere Theilungen/noch feyerliche Abtrettungen/ oder Verschwerungen/ noch Schenkungen und Gaben / noch Tauschkauff und andere Contracten, noch derelicti habitiones sive expressas sive tacitas; noch Verjährungen oder langwiehrigen Besitz / noch einig andere Veräusserungen / wie solche immer

Namen

Namen haben mögen. Dieser Satz aber streitet so handgreifflich gegen alle menschliche Witz/ daß ich nicht zweiffele/ wann jener König Alphonsus solchen hätte erleben sollen/ er ihn nicht/ wie etwan ein alberes ungefähr vor ihm entfallenes Wort für das Brüllen eines Ochsen/ sondern gar für das Blasen eines andern Thiers würde geurtheilet haben. Dann lieber! fliesset solches Recht aus dem Brunnen der Natur/ oder allgemeiner Eingebung menschlicher Vernunfft/ wo sind die Vernunfft-Schlüsse/ die uns dessen bereden können? Kommet es aus den Völker-Rechten/ warum haben andere Nationen die sechsthalb tausend Jahr her/ welche die Welt nun gestanden/ sich eines so vortheilhafften und bequemen Rechtens nicht auch bedienet? Ist es dann aus einer Göttlichen Satzung und gegebenem Vor-Recht/ wo ist der Prophet/ der es in Frankreich gebracht? Ist es vielleicht aus dem Fabel-hafften Alcoran genommen? Aber dieser hat sich in der Narrheit so tieff noch nicht verstiegen. Dann ob er gleich seinen vermeinten Musulmannen verbietet/ etwas denen Ungläubigen/ wofür sie uns Christen halten/ mit dem Schwerdt abgenommenes/ denselben in Güte wiederum zurück zu stellen: So belehren sie sich doch aus dem Liecht der Vernunfft/ daß was ihnen durch Gegen-Gewalt widerum abgenommen worden/ solches durch erfolgte Frieden-Schlüß in unsern Händen zu lassen/ ihnen nicht untersagt sey. Ist aber solches Recht aus einiger menschlichen Verordnung herzuholen/ durch wen/ wann/ und wie ist es in die Welt kommen? Was für eine Ober-Gewalt hat der Französischen Nation zu guten/ allen andern freyen Völkern aber zu Nachtheil/ demselben Krafft und Wirkung mitgetheilet? und zu dem/ wie könnte dergleichen Satzung von einer ewigen Daure und unauflöslich seyn/ sintemal alles/ was Menschen Hände gemacht/ durch Menschen Hände mag wieder zerstöhret werden? Ist es dann von denen Franzosen selbst zu ihrem eigenen Behuff ersonnen und auf die Bahn gebracht/ wer hat ihnen Gewalt gegeben/ andere unschuldige dadurch zu vernachtheiligen? Sage her/ mein lieber Franzmann/ kan auch ein Mensch von gesunden Verstand zu sich selbsten sprechen: das soll mir hinfüro ein Gesetz seyn/ daß was einmal in meinen Händen ist/ in Ewigkeit mein verbleiben solle; was ich meinen Nechsten raube/ und es meinem Domaine einverleibe/ daß solle von mir in Ewigkeit nicht mögen zurück gestellet werden: was ich gerede/ soll nicht geredet seyn/ was ich verspreche/ soll nicht versprochen seyn; was ich abschwöre/ soll nicht abgeschworen seyn; was ich geb/ soll nicht geben seyn; wessen ich mich verzeihe/ das soll nicht verziehen seyn; was ich verliehre/ soll nicht verloren seyn? Alles dieses muß nothwendig aus deinem ersten Satz erfolgen. Ein solcher aber/ glaube ich/ könte eben so leicht mit drey Worten sagen und setzen: alles was nicht mein ist/ soll mein seyn; auf welche Weis ein jeder Phantast oder Tyrann bald reich seyn könte. Bewirffst du dich aber vielleicht auf ein bey der Neige deß Carolischen Stammens unter Ludovico Transmarino oder dessen Sohne Lothario vermeintlich aufgerichtetes Grund-Gesetz/ vermög dessen/ das bis dahin zertheilig gewesene Französische Reich von dannen an unzertheilig worden seyn soll/ so frage ich wiederum/ was die Aufhebung einer Erbvertheilung mit andern Veräusserungen zu thun habe? Warum andere Nationen sich sollen aufladen lassen/ was die Franzosen unter sich/und für ihre Mit-Bürger und Mit-Unterthanen die Prinzen ihres Königlichen Geblüts angestellet? wie eine erst nach dem Heil-Jahr 900. gemachte Verordnung auch auf das jenige möge gezogen werden / was albereit ein hundert Jahr und mehr vorhero bey Gallien nicht mehr gestanden? Warum die ganze Fränkische Nation was sie mit einhelligem Willen unter sich geschlossen / mit einhelligem Gegen-Willen / der in feyerlichen Handlungen / bevorab mit auswärtigen Nationen niemal ermangelt / nicht widerum aufheben könne? Solte aber etwan allbereit zu einem Herkommen erwachsen seyn/ daß was einmal ein Französisches Domaine ist / ein solches in Ewigkeit verbleiben müsse? So höre ich wol / daß gleichwol in einer einigen Sache / welche in euren Kram dienet / das alte Herkommen und die Verjährung statt finden solle / die ihr sonsten in allen andern Fällen verwerffet. Wo ist aber indessen seine Tag erhöret worden / daß Rauben / Stehlen / und muthwilliges Blutstürzen durch das Herkommen oder durch Verjährung zu einer Gerechtigkeit erwachsen/wo wäre/wann es gleich möglich seyn solte / die dazu nothwendige muthmassentliche Einwilligung anderer Nationen? Wo wäre euer langwieriger ruhiger Besitz / nachdem diese Mißgeburten von neuer Lehr/ erst zu unsern Tagen/ und seithero gewisse Ministri bey euch am Ruder gesessen/zur Welt gebracht/ unterdessen aber bey allen Fürfällen von jedermann münd- und schrifftlich / und durch die That selbsten widersprochen worden.

XXI.

Sintemal aber der Verjährung aus denen allgemeinen Völker-Rechten. Præscriptio juris gentium, wann sie gegen Frankreich angeführet wird/gleichmässiger Einhalt von den Franzosen beschehen will/also/ daß sie/ wann solche gegen ihr Interesse streitet / ganz nichts davon wissen wollen: so will auch über dieselbe einige Untersuchung zu pflegen seyn. Es bestehet aber solche Verjährung in nichts anderem/als einem ruhigen langwierigen und also beschaffenen Besitz deß einen Theils/ in der Meinung/daß Besessene als sein Eigenthum zu behaupten/daß darob deß andern Theils / der sonsten darüber berechtiget wäre / Wissenschafft und freywillige Begebung seines Rechtens könne gemuthmasset werden; welches dann bishero von allen Nationen/um gemeinen Friedens willen/für ersprießlich und billig erkennet und geübet worden / auch selbst in GOttes Wort seinen Grund findet / dabey von den gelehrtesten und berühmtesten Leuten gerechtfertiget wird; sintemal das gemeine Heyl und die Wolfart Menschlichen Geschlechts erfordert/daß die Eigenthumer nicht in immerwährender Ungewißheit schweben. Wer hiewider spricht/ der verbannet/ so viel an ihme ist/ alle Ruhe und Sicherheit aus der Welt. Der aber/wie die Franzosen/ sich solchem allgemeinen Menschlichen Recht entnommen zu seyn behaupten will/dem ligt ob/sein Privilegium aufzuzeigen. Und solches zwar müste denen Franzosen hergediehen sey/entweder aus einhelliger Einwilligung anderer Nationen / deren keine aber sich dazu bekennen wird; oder aus der Gnad einer

ner Ober-Gewalt/welche in diesem Fall niemand/als GOtt/ seyn könnte/ von dessen Offenbarungen uns dißfalls/oder auch/daß Er neben denen Israeliten noch ein ander auserwehltes Volk gehabt/dem Er über anderer Leut Leib/ Land und Haab freye Hand gegeben / nichts wissentlich ist / oder aber endlich aus einer ihnen (den Franzosen) angebornen natürlichen oder übernatürlichen innerlichen Eigenschafft/ mittelst deren sie an die sonsten übliche menschliche Recht/nicht wie andere Leut/gebunden wären. Allein in Krafft einer so wunderthätigen Eigenschafft müssen sich die Franzosen nicht wie andere Menschen / sondern entweder mehr oder weniger/ über oder unter dieselbige zu schätzen haben / einfolglich sich entweder zu den himmlischen Geistern/ oder zu den unvernünfftigen Thieren qualificiren/ beynebenst gewärtig seyn / daß andere Menschen / um ihnen nichts schuldig zu verbleiben / durch eine billiche Widergeltung auch gegen sie das sonsten gebräuchliche Menschen-Recht einmütig aufhüben / und mit ihnen als offenbaren Welt-Frieden-Störern und allgemeinen Feinden/ auch als mit solchen Leuten umgiengen / für welche / um sie in ordentlicher Gebühr zu halten / in menschlichen Fürfällen und Handlungen kein bündiges Recht noch Gesetz / kein Vergleich noch Abscheid / kein Zusag noch Eydschwur/noch einig ander friedliches Mittel oder Band/sondern allein die eiserne Ruth mehr übrig seyn würde. In Erwegung dessen allen fällt billich zu verwundern/ wie eine sonst in vielen begabte und klarsichtige Nation fähig seyn könne/ sich so weit von der wahren Vernunfft und von der gebahnten Strasse menschlichen Rechtens in so beschaffene Irrweg abführen zu lassen/ welche nothwendig den Verdacht über sie ziehen müssen / ob pflichte sie den jenigen unsinnigen Wahn bey/ welcher kein ander Recht in der Natur zulassen will / als das jenige / so die Menschen sich willkührlicher Weise selbst untereinander aufbinden/ oder nach ihrem Eigennutz erdenken sollen. Anderer Gestalt würde es die lautere Unmöglichkeit seyn/daß ihre vornehmste Ministri, ihres Königs und ihre eigene Ehr und Leumuth so gar aus den Augen setzen/ und sich so weit verliehren können/ um ungescheut heraus zu sagen: **Es müsse anderen Nationen alles das jenige recht und billich seyn/ was zu Pariß dafür erkennet werde.** Dann diese Grund-Regel stellen für die jenige Wort/ deren einer aus ihnen / den Tag vor dem Königlichen Ausbruch zu der Uberwältigung Straßburg / als ihm der grosse Unfug solchen Vorhabens von einem vornehmen auswärtigen Ministro für Augen gelegt worden/ sich vernehmen lassen: Il doit estre juste, puisqui' ainsi on le juge icy à Paris, & celà suffit.

XXII.

So gleich da die Feder mit denen Dependenzien beschäfftiget / erschallet der Ruff von einer abermaligen Nagel-neuen Französischen Invention / zu anderer Leut Gut prætext zu gewinnen / so sich zwar nicht eben unter besagte Dependenzien will rechnen lassen / doch die Ehre hat / denselben mit geschwister Kindschafft zugethan zu seyn / deren Stell sie auch hie und da interim-weis vertretten solle. Ihr Nam heisset / Jus Præventionis, und ist sie gantz neulich / nachdem sie sich kurz vorher zu Straßburg en passant angemeldet / zu Cölln am Rhein erscheinen / Namens deß Allerchristlichsten Königs feyerlich zu bedeuten / daß so viel hundert Mann erwähnete Stadt ihrer Sicherheit halben / wie sie dann befuget ist / einzunehmen sich werde gelüsten lassen / so viel tausend werde er dagegen zuschicken / und sich ihrer durch das Jus præventionis zu bemeistern wissen. O du elendes und nunmehr nur nach dem Namen noch freyes Teutschland! mit welchem es so weit angekommen / daß inzwischen die Nachgeordnete deiner Vorsicher untereinander Katzbalgen / ob sie die verächtlichste Theil ihrer Leiber auf Stühlen oder auf Bänken accommodiren sollen / sie fremde ungeladene Gäste also in ihre beste Nester sitzen und sich behausen lassen / daß in kurzen so wenig für sie / als ihre Principalen weder Stühl noch Bänk mehr darinnen übrig seyn werden. Diese saubere personage das Jus Præventionis meine ich / will nun in Teutsch so viel sagen / daß kein Teutscher Reichs-Stand in seinem eignen Haus künftig hin / zu seiner Versicherung was mehr wird zu verfügen haben / ohne dem König in Frankreich / deßwegen um Erlaubnus auf den Knien anersucht zu haben; deme dann die Kammerthür allzeit wird auf- und das Leder fertig stehen müssen / um auf jeden eingebildeten Ungehorsams-Fall Züchtigungs-Execution zu thun. Solcher Gestalt ist Teutschland die freye Königin unter die Waisen und deß Allerchristlichsten Königs Gerhab- oder Vormundschafft verfallen / woraus sie wol nimmermehr gutwillig wird erlassen werden. Also heisset es in Krafft dieses Juris Præventionis wol recht: **Wer in das Haus gehöret / wo die Franzosen hinkommen / der packe sich hinaus**; welches Sprichwort in allen Handlungen zu einem rechten Wahrwort erwachsen. Aber soviel nur per parenthesin von dem Jure Præventionis.

XXIII.

Um aber jetzund wieder zu den Dependenzen zu kehren / wollen wir kürzlich besehen / wie deren gerühmte Französische Grund-Regul sich werden auf das vollständige Austrasien schicken müssen. Und anfänglich zwar ist nicht in Abred zu stellen / daß die Stadt Metz von uhralters mit dem Vorzug einer Königlichen Austrasischen Haupt-Stadt gepranget / wie solcher Name vom Pöfel genommen wird / als von deren so gar auch / wie oben angezogen / zuweilen das ganze Königreich den Namen entlehnet hat. Nachdemmahlen nun dieselbe zu samt ihrem Bisthum und Dependentien durch dem Westphälischen Frieden-Schluß an Frankreich gerathen: würde auf den Nothdurffts-Fall / und dafern sich keine weitere Schein-Gründe herfür thun wolten / dieses doch allein genug seyn müssen / ganz Teutschland als einen Austrasischen Anhang solcher einigen Stadt Frankreich vermeintlich zuzubilligen / massen nach Französischer Folgerung / wo der Kopf hinaus gehet / das übrige folgen müste: unangesehen im Grund der wahren Beschaffenheit diese Stadt sich über ihre Austrasische Neben-Städt der allerwenigsten Bottmässigkeit nicht zuberechtigen / sondern allein deß Ehren-Orts / als die Königliche Hof-Läger-Stadt zu rühmen gehabt. Es wird aber

keine

keine Nothdurfft seyn / sich hieran allein binden zu lassen / nachdeme sich bereit Mittel gefunden / Lothringen und den Saarstrohm / der Stadt und dem Stifft Metz anzuhenken / in welchen beyden für Alters der Kern deß Uber-Rheinischen Austrasiens bestanden / bey dem letzern allein auch noch bis anjetzo desselben Name und andenken aufbehalten worden. So weit sich nun wird lassen ausfündig machen / daß dieser Austrasische Nam / oder auch der Name von Lothringen sich in den Vorzeiten jenseit Rheins ausgebreitet / wolle ja niemand einigen Zweiffel hegen / daß / wann es bey den Franzosen stehet / eben so weit in kurzen / auch die Dependenzen und Affter-Dependenzen von Metz / Lothringen und dem Saar-Strom sich werden erstrecken müssen. Sintemal aber wie aus vorigem erhellet / das ganze Uber-Rheinische Teutschland im Namen und Begriff Austrasiens behangen / auf eine Zeit auch / sich in das Ober- und Nieder-Herzogthum Lothringen hat theilen lassen: so wird ehister Tagen zu vernehmen stehen / daß alles Uber-Rheinische zu einem Opfer der Französischen Dependenzen hier erkläret worden sey. Wann nun dieser Gestalt die Uber-Rheinische Reichs-Länder in solchen Abgrund vollends versunken / und dann die disseitige vielleicht etwas darüber entstellete durch Maulmachen und glatte Worte / wiederum einiger massen werden gestillet und eingewieget seyn: So wird sich über ein Kleines müssen erweisen lassen / Es habe das disseitige vor diesem in specie also genannte Austrasien / nemlich Franken / Hessen / rc. vor Zeiten mit dem jenseitigen je und allerweg einerley Namens und Rechtens gepflogen / müsse deren einfolglich auch noch jetzund also pflegen; womit dann das Frankenland samt dem Nordgaw / Hessen samt dem Westerwald / die Wetterau samt der Bergstraß und dem Rheingau / sich gleichfalls nach Frankreich werden schreiben müssen. So dann wird kurz hernach sich eine Pfeiffe hören lassen / König Ludwig der Vierzehende sey ja nicht minder an Gewalt / Würde und Glori zu schätzen / als vor Zeiten ein Pipinus Crassus Herzog in Franken / welchem zu einem sonderbaren grossen Lob nachgerühmet wird / daß Er / als Herzog in Franken / die der Frank-Austrasischen Beherrschung aus Widerspänstigkeit entwichene Schwaben und Schweitzer / Bayern und Oesterreicher / Sachsen und Westphälinger / Friesen und Holländer / als Dependenzen von Franken und Austrasien / durch Waffenzwang wiederum hinzu gebracht / ihme demnach mit gemeldten Völkern anjetzo gleicher Weise umzuspringen / ohne höchsten Unfug und Indiscretion nicht könne mißdeutet werden; dergestalt / daß sich das weite und breite disseitige Teutschland bis an die Elbe und Böhmen / als ein vermeinter Anhang deß Frankenlands / und Affter-Anhang im vierten oder fünfften Glied deß Saar-Strohms und der Stadt / und Bißthums Metz / der Französischen Indiscretion aus lauter Discretion würde überlassen müssen. Wann nun über sothane anmaßlich doch allein gnugsam erhebliche Gründe hinzu gelangen wird / daß nach der von Attila erlittenen Hunnischen Verwüstung vielleicht ein Theil deß Rheinstroms geraume Jahren unter der Geistlichen Aufsicht deß Bißthums Metz mag gestanden haben; daß die verhergte Stiffte Stiffter am Rhein fast alle durch die Fränkische König wiederum empor gebracht/ begabet und gezieret worden; Daß die vornehmste und mehriste Stiffter disseit Rheins in Franken/ Thüringen und Hessen/ ihre Erhebung denen Vor-Eltern Caroli M. zu danken haben/ die in Sachsen aber/ als Bremen/ Verden/ Oßnabrüg/ Paterborn/ Münster/ Hildesheim/ Halberstadt/ Merseburg und andere von Carolo M. selbsten/ oder doch Ludovico Pio, als Fränkischen Königen/ aus dem Grund aufgerichtet worden/ daß unter die heutige Dependenzen der drey Erz-Stiffter/ wie auch der Stiffter am Rhein/ sich so manch stattliches Land disseit Rheins zu bequemen habe; daß ein vornehmes Erz-Stifft/ der Sage nach/ vor Zeiten über Thüringen und Hessen/ auch in temporalibus, es sey qualicunque titulo, ein Gewaltiges zu sagen gehabt; daß desselben und deß Cöllnischen Geistliche Erz-Hoheit sich durch ganz Franken/ Thüringen/ Westphalen/ und tief in Nieder-Sachsen/ ehemals auch über Böhmen erstrecket; daß das Herzogthum Ober-Sachsen/ meistlich/ und ein Theil deß Niederen vor Zeiten ein Anhang von Thüringen gewesen; ferner/ daß vor Alters einige Herzogen in Franken und Hessen/ ihre Hof-Sitz zu Wormbs und Speyr gehabt/ und von dannen aus die disseitige Länder beherrschet; daß insgemein die Stiffter über Rhein so viel treffliche groß und kleine Lehen disseit Rheins zu vergeben haben; Wann/ sag ich/ dieses alles neben dem vorhin angeführten zum Vorschein und Behuff Französischer angemaßten Berechtigungen auf disseitiges Teutschland wird gebracht werden: alsdann wird sich müssen als Sonnenklar für aller Welt austhönen und preisen lassen/ daß alles/ was von den Alpen bis zur Teutschen See/ vom Rhein bis an die Elbe/ das Böhmer Gebürg/ und Ungarn gelegen ist/ es laute auch so abscheulich/ ungereimet es immer wolle/ ein blosser Anhang deß jenseitigen Teutschlands/ vielmehr nur eines kleinen Theils desselben gewesen sey/ und wider aller Dank noch jetzund ohne Gnad seyn müsse. Alsdann wird der Französischen Rhetoric ein breiter Raum und weites Feld eröffnet werden/ ihre Flügel dergestalt zu erschwingen/ daß dem äusserlichen Ansehen nach/ kaum das H. Evangelium von mehrer Gewißheit/ als die Französische Befugnüssen über Teutschland scheinen möchten; so gar fordert man auch bereit von uns gleichsam einen blinden Glauben/ und unsere Vernunfft darüber gefangen zu geben; da doch im innersten Grund alles auf den grösten Unrichtigkeiten bestehet/ die einem wahnsüchtigen Menschen immer zu Sinn steigen könten.

XXIV.

Damit aber alsdann auch denen Ländern zwischen der Elb/ dem Böhmer-Wald und der Weichsel nichts geschenket bleibe. so wird sich anfänglich aus denen Geist- und Weltlichen Rechten Gleichnus-weise stattlich müssen ausführen lassen/ welcher Gestalt ein fahrender Mönch/ ob er sich gleich deß Gehorsams seiner Obern muthwillig entzogen/ ein gehorsamer Sohn/ der sich vätterlicher Gewalt eigenthätig entbunden/ ein flüchtiger verloffener Knecht/ der sein selbst Dieb worden/ alles was sie erringen und erwerben/ ihres Austrettens ungeachtet/ ihrem respe-

ctivè

ctive Closter / Vatter und Herren erwerben. Hiernechst wird durch alle Figuren und Ausschneidereyen heraus gestrichen werden / wie der Königliche Französische Obergewalt über ihre Untergebene / von ja so schweren Gewicht sey / als eines Closters über seine Geistliche / eines Vatters über seine Kinder / eines Herrn über seine Knecht. Endlich werden sie folgern / gleichwie derowegen ausgesprungene Geistliche / ungehorsame Kinder / flüchtige Knechte / und Leibeigene / nicht unterlassen / ihren Obern / denen sie sich selbsten abhändig gemacht / mit dem / was sie gewinnen / und an sich bringen / von Rechts wegen eben sowol zu fürchten / als wann sie unter deren Gewalt immerfort würklich verblieben wären: Also auch hätten der Cron Frankreich die von derselben / Französischen Wahn nach / zur Ungebühr entwordene Teutsche Länder / was sie immer in solcher Trennung weiter an sich gebracht / nicht sich selbsten / sondern der Cron Frankreich erwerben können. Sintemalen nun unter sothanen zu Teutschl. durch dieselbe gebrachten Ländern alles / was zwischen dem Böhmer-Gebürg / der Elbe und Weichsel / auch längst der Balthischen See ligt / zu begreiffen ist: Als müste deren Eroberung in der That selbsten niemanden andern / als der Cron Frankreich zu gutem sich zugetragen haben / und selbige Länder zu besagter Cron wahrhafftigen Domaines erwachsen seyn / mit dem Nachdruck / daß als solche / sie sofort von Anfang ihrer Eroberung / keiner Veräusserung mehr hätten unterwürffig seyn können. Welches dann ferner von solchen Kräfften wäre / daß / unerachtet theils derselben / Teutscher Herrschafft inzwischen wieder entnommen worden / und zu völliger Freyheit und eigenem Recht gerathen / solche Entnehmung dannoch von gantz keinem Wehrt / sondern unkräfftig und nichtig / sie aber Französischer Bottmässigkeit noch diesen lieben heutigen Tag so gut untergeben und verhafftet seyn müsten / als ob sie von Uralters der Cron Frankreich anverleibt / und niemal davon wären getrennet worden. Durch welchen in Warheit sehr kahlen und auf allen Seiten ohnmächtigen / jedoch für die Franzosen nicht weniger kräfftigen und vortheilhafftigen Syllogismum, auf einmal grosse Königreich und mächtige Völker sich zum Französischen Glauben würden bekennen müssen. Also würde das gantze Königreich Böhmen samt Mähren / das grosse Hertzogthum Schlesien samt der Laußnitz / also die Sachsen und Meißnische Theil über der Elbe gegen Osten / samt Lauenburg und Holstein / also die Brandenburger Mark samt Pommern und Mecklenburg / also groß und klein Pohlen neben der Massaw / und dem / so Pohlen weiter an sich gebracht / also Preussen und Churland / mit Liefland / sich zum Französischen Joch bequemen müssen. Also würde auch die Cron Dännemark zu entgelten haben / daß sie unter Kaiser Friderico Barbarossa an das Reich lehnbar gewesen; zumaln bey den Franzosen Lehenbündig und vollkommen unterwürffig seyn / sich als einerley müß nehmen lassen.

XXV.

In bisherigen wenig Zeilen ist viel gesagt worden. Ich versichere aber / daß die Worte so kurz nicht genommen / als kurz der Executions-Proceß seyn wird / sobal-

sobalden nur Frankreich selbigen mit uns und allen jetzt angeführten Ländern zu spielen/ durch unsere alseitige Freyheit und innerliche Zweytracht/ die freye Hand vollend wird überkommen haben. Durch die am offenen Tag ligende Nichtigkeit und handgreiffliche Vernunfftlosheit all solcher Französischer Vorwänd und Schein-Grund / wolle sich niemand sicher machen lassen / ob würde es niemalen zu der That kommen. Dann auch das allernichtigste Erz muß in der Französischen Werkstatt für das allerfeineste Gold mitgehen. Man führe nur in Erwegung/ ob ein einiger Grund / dessen man sich bereit bey zwanzig Jahren her / gegen die Elsassische Reichs-Stände / gegen Lothringen und die Saar / wie auch gegen die Niederlande bedienet hat / um ein Haar mehr Gewicht als diese bey sich geführet/ die man angebrachter Massen gegen das ganze Teutschland und die angrenzende Reich wird herfür suchen. Was ist jemal klärer und verständlicher auf das Papier gebracht worden als der 87. §. im Münstrischen Friedenschluß / Krafft dessen die Elsassische Stifft / Grafen/ Reichs-Ritterschafft und Städte/ für allen Französischen rechtlichen Zuspruch verwahret worden? und dannoch hat er auch nicht einen einigen Elsassischen Bauren-Hof vor dem Einschlagen der Französischen Dependenzen behüten mögen. Was ist ungereimter / als daß die kleine vorhin Oesterreichische Landgrafschafft in Elsaß / (welche so gar auch nicht einmal in der Hoheit eines Fürstenthums gestanden) auf das ganze Land Elsaß / in welchem neben andern fürnehmen Reichs-Gliedern / auch ganze Fürstenthümer begriffen/ zu erstrecken? Was ist lächerlicher / als die Probstey Weissenburg der Französischen Cron heimzuschreiben / um willen sie von einen altem Fränkischen König gestifftet worden? Was ist ungerechter/ als die vor uralten Zeiten davon rechtmässiger Weis abgekommene Güter zurück zu nehmen / bloß unterm Fürwand/ daß/ vermög Kaiserlicher Rechten / Geistliche Güter / nicht mögen veräussert werden? Was ist gottloser/ als auf so liederliche Gründ einen unausbleiblichen allgemeinen Krieg / die grausame unverantwortliche Blutstürzungen / und den abermaligen zeitlichen und ewigen Untergang vieler hundert tausend Seelen zu bauen? und dannoch seynd wir in den unglückligen Zeiten/ da wir solches alles erleben und leiden! Man hat gut/ alles nur ersinnliche entgegen zu setzen. Es vermag so viel/ ob würde es zu lauter Sinn-losen Stöcken gesprochen. Noch muß man sich schimpffen und höhnen lassen / daß man nicht Verstands genug besitze / so klare und billichmässige Gründ zu begreiffen. Auch seynd es nicht die Franzosen/ denen ich dieses in Hoffnung/ sie etwan der Gebühr zu bescheiden/ schreibe. Dann daran wäre Hopffen und Malz verloren. Sondern ich gedenke darburch nur meinen Landsleuten zu dienen/ ob es nöthig oder ergiebig seyn wolte/ sie ihres augenscheinlich-obhangenden Untergangs zu erinnern/ und darzuthun / daß gegen die Französische Sophistereyen alle Syllogismi, den einigen in Fozio ausgenommen/ vergeblich und verloren seyn. Dann der Franzosen Verstand und Vernunfft zu übermeistern/ (sie machen gleich so grosses Geblärr davon/ als sie wollen) daß sie still stehen und ihren Unfug in sich selbst erkennen müssen / wäre ein leichtes/ gleich-

wie

wie nichts seltenes ist/ daß ihre fürnehmste Ministri, auf beschehene Fürstellungen/ erstummen müssen. Es ist aber hier nicht um die Vernunft zu thun / sondern um ihren verderbten willen / welcher dem Verstand und der wahren Vernunfft widerstrebet / dahero muß man am End aller gründlichen An- und Ausführungen / wann sie ganz in den Sack gesetzet worden / an statt einer vernünfftigen zum Werk taugenden Antwort so viel einnehmen: Es sey also deß Königs Will und Befehl / müsse demnach recht seyn / anbey sey unlaugbar / daß vor Zeiten das ganze Teutschland / und die Wendische Länder bis an die Weichsel und bis an Siebenbürgen zum Fränkischen Reich gehörig gewesen / auch von Carolo M. nicht als Römischen Kaiser / sondern als Könige der Franken beherrschet worden; demnach ja keine so grosse Unbilligkeit seyn würde / sie wiederum zum Fränkischen Reich (wodurch sie das Französische verstehen) zu bringen.

XXVI.

Es ist nicht ohn / daß mancher der Sachen nicht aus dem wahren Grund Unterrichteter auf solche Reden gestutzet / nicht wissend / mit was anderem darauf zu begegnen / als daß inzwischen so viel hundert Jahr verstrichen / und die Sachen in einen andern Stand gerathen / welches zwar auch nicht übel getroffen wäre / wann bey denen Franzosen einige Verjährung oder langwieriger Besitz statt findete. Andere begegnen also: es seye gleicher massen unlaugbar / daß Gallien / bevor es unter die Franken gerahten / zum Römischen Reich gehörig gewesen / würde demnach von eben so geringer Unbillichkeit seyn / es wiederum dazu zu bringen. Allein die Franzosen antworteten darauf: wen der Fürwitz steche / der möge es versuchen. Auch findet solche Ablähung nicht auf dem geraden Wege Rechtens / sondern nur per modum retorsionis, und nach der bekannten Regul / quod quisque juris in alium statuerit &c. ihre statt. Aus dem rechten Grund der Historien und einer gesunden Politic aber / kan man darauf ganz anderer und folgender Gestalt dienen. Es ist freylich wahr und unlaugbar / daß das ganze Teutschland zum Fränkischen Reich gehöret hat. Es ist nochmal wahr und unlaugbar / daß Carolus M. es nicht als Römischer Käiser / sondern als König der Franken beherrschet / ob gleich diese Geständnüs manchen unter uns / qui sunt in propria patria turpiter peregrini, & ignorantes Rempublicam, in qua versantur, nicht gefallen will. Ich schreite weiter / und spreche: es ist gleichfalls wahr und unlaugbar / daß Teutschland noch diese heutige Stund dem Fränkischen Reich gebühre / ja demselben würklich anhange. Aber wie? also nemlich / weilen in Teutschland selbst das wahre eigentliche und uralte Königreich Franken noch jetzund einig und allein bestehet / und weilen das unter den Königlichen Tituln eines Römischen Käisers fornen angesetzte Königreich Germanien noch jetzund anders nichts / als solches wahre / eigentliche und uralte alleinige Königreich der Franken ausdrücket. Es mag dieser Satz für ein Schul-Gefecht oder Paradoxum angesehen werden von wem es wolle / so hat man sich dannoch zu versichern/ daß kaum in dem ganzen allgemeinen Begriff der Historien etwas gründlicher und wahrhafftiger zu finden. Es wäre derohalben einer absonderlichen gründlichen Ausführung würdig/ die ihm auch vielleicht ein andermal nicht ermangeln soll/ massen dieß Orts die Kürze es nicht verstattet. Doch kommt der Grund dessen in etwas zu berühren. Unter Carolo M. derowegen/ wie auch unter Ludovico Pio dessen Söhnen und Reichsfolgern/ dähnete sich das Fränkische Reich durch ganz Teutschland und durch ganz Gallien aus. Es waren zweyerley Nationen/aber nur einerley Volk/Republic oder Königreich. Es liesse sich nicht sagen: Teutschland herrschet über Gallien/ oder Gallien herrschet über Teutschland; sondern die aus einem Theil deß disseitigen Teutschlands entsprungene Franken herrscheten über beyde. Eben so wenig könnte gesagt werden/ das Fränkische Reich bestunde mehr in Gallien als in Teutschland/ oder aber mehr in Teutschland als in Gallien; sondern es bestunde in beyden zugleich/ und beyderseiten gleich durch. Es ware auch ebengemeldtes Königreich bis auf gedachten Ludovicum Pium eigentlich davon zu reden (ausser was durch obangeführte Abweichung der Austrasier von denen Neustriern/ doch nur einmal und auf gar wenig Zeit etwan beschehen seyn mag) zu keiner vollkommenen Zertheilung gelanget. Nach tödtlicher entwerdung Ludovici Pii aber/ wurde es durch dessen drey hinterlassene Söhne in drey wahrhafftig ganz unterschiedene Königreich getrennet; wodurch/ (jedoch nur gröblich davon zu reden) Lothario dem ältesten die Länder zwischen der Rhône, Saone, Maas und Schelde einer/ und dem Rhein auf der andern Seiten; Ludovico Germanico dem mittleren/ das ganze disseitige Teutschland und jenseit Rheins/ das Mainzer/ Wormbser und Speyrgaw; Carolo Calvo, dem jüngsten aber Gallien jenseit Rhône, Saone, Maas und Schelde zugefallen. Sintemalen nun der Natur nach/ eine Unmöglichkeit gewesen/ daß diese drey Königreich allesamt das vorige individuum, nemlich das alte Fränkische Reich/ hätten verbleiben sollen: So war eine Nothfolg/ daß der eigentliche Character, die Persona moralis und das Grundwesen deß wahren Fränkischen Reichs entweder auf keinen/ oder nur auf einem derselben bestehen bleibe. Nun ist das erste aus keinem einigen auf uns gebrachten Umstand zu erweisen/ auch sonsten nicht vermuhtlich; Behält demnach das andere nothwendig den Platz/ und folget/ daß das eigentliche alte Königreich der Franken nur auf einem der drey beruhet/ die übrige beyde aber/ als zwey neue Reiche/ erst damahliger Theilung ihr ganzes Wesen zu danken gehabt. Daß nun aber solche gerühmte Würde deß wahren Fränkischen Reichs auf dem Antheil Lotharii, als deß ältesten Bruders/ fest geblieben/ ist mit ganz sichern Gründen ausfündig zu machen. Bey solcher Beschaffenheit konnte dem Teutschland unter Ludovico Germanico, und Gallien unter Carolo Calvo ein mehrers nicht übrig seyn/ als die Ehr der Fränkischen Ankunfft/ wie auch deß Fränkischen Namens und Wappens/ die so wenig den einen/ als den andern benommen worden. Im übrigen waren sie beyde vom wahren Fränkischen Reich im

Grunde unterschieden/ und gleichsam allein eines fürtrefflichen Stammes edele Nebensprößling zu nennen; So lang/ bis nach Abgang Lotharii und seines männlichen Geblüts/ welches etwan in dreissig Jahren hernach sich zugetragen/ dessen Reich mit den Teutschen in eine innerste Vereinigung gegangen/ also der Teutsche Absprößling oder das Reiß mit seinem wahren Stamm wiederum vereinigt worden. Woraus dann/ nach Art und Eigenschafft aller vollkommenen Civil-Vereinigungen/ erfolget ist/ daß der Character und das innerste Wesen deß wahren Fränkischen Reichs demselben von neuen mitgetheilet/ und bis auf uns unzertrennlich dabey erhalten worden. Dieses ist die kurze und wahre Verhaltnus sothaner Haupt-Theilung deß Fränkischen Reichs/ und das wahre Herkommen unsers Ost-Fränkischen Königreichs/ so von Maximiliani I. deß fürtrefflichen Käisers Zeiten her/ mit dem Namen deß Königreichs Germanien ausgedrucket worden/ welches/ wann es bey einigen in den Teutschen Alterthum wenig Kündigen hart und schwer eingehen will/ so ist dessen kein anderer Grund/ als um willen man sich von Kindheit auf/ durch widrig davon geschöpfften Wahn einnehmen/ und der Einbildung ganz unerfindliche/ auch der wahren Beschaffenheit schnur-gerad entgegen lauffende Gestalten einpregen lassen. Diese aber fliessen her aus einig betrieglichen Muthmassungen/ für deren forderste und führnehmste mag gehalten werden/ der noch heut auf Gallien hafftende Französische Name/ der insgemein für den Fränkischen angesehen wird/ wie auch die jetzund in dem Französischen Schild blühende Linien/ deren sich keines mehr bey Teutschland finden lässet. Aber aus solchen äusserlichen Dingen läst sich auf das innerliche Wesen keine Nothfolge erzwingen/ deme sie so wenig geben als nehmen können. Es dienet aber zur wahren Nachricht/ daß vor Zeiten weder auf denen Königlichen Titul noch Wappen/ so aberglaubisch/ wie jetzund/ gehalten worden/ und daß nach vor gemeldter Haupttheilung der Fränkische Name lange Zeit allen dreyen Königreichen gemein verblieben / aus Ursach/ weiln sie allesamt Fränkischer Abkommist gewesen. Jedoch wurde zum Unterscheid Teutschland Ost-Franken/ Gallien/ West-Franken/ das Reich Lotharii aber das mittlere/ oder Lotharische Franken begrüsset/ wovon noch heut der Nahme Lothringen übrig ist. Nachdeme aber das Lotharische und Teutsche sich vereiniget/ verfiele der Lothringische Königliche Nahm zu einem Herzoglichen/ der Ost-Fränkische aber (angesehen nur zwey Fränkische Reiche gegen Ost und West mehr fürhanden/ jedoch das eine genuinè, & absolutè, das andere nur Secundum quid Fränkisch waren) wurde besagten beyden vereinigten Reichen gemein/ wie er dann auch etlich hundert Jahr lang darauf erhalten worden / wie dessen anderswo [illegible] Zeugnüssen beyzubringen seyn werden. Nachdeme aber dazumal die Vervielfältigung Königlicher Tituln nicht so steiffen Herkommens/ wie anjetzo/ gewesen/ sondern man es gemeinlich nur bey einem und zwar dem vornehmsten gelassen: und dann mit der Zeit auch das Römische Reich dem Ost-Fränkischen anverlei[illegible] worden/ dessen Käiserlichen Namen man von höheren Adel und Würde/ als den Königlichen Fränkischen geschätzet: so ist erfolget/ daß dieser letzere dem gemeinen Gebrauch allgemach entkommen/ dem Käiserlichen aber der Platz allein gelassen worden/ massen Carolus Calvus bey denen West-Franken mit seinem Exempel vorgegangen war. Woraus sich dann mit der Zeit noch ferner begeben/ daß das Königreich selbsten für das Käiserthum oder Römische Reich angesehen worden. Als aber solche willkührliche Sach endlich/ bevorab bey der Gemeine zu einem Recht gedeyen wollen: begunte Maximilianus I. wie vor erinnert/ zu Bemerkung deß Irrthums und grossen Unterscheids/ sich zugleich Römischen Käiser und König in Germanien zu schreiben/ und zwar aus seinen sonderlichen Ursachen. Dann sonsten hatte es mit gleichen Recht bey Ihme gestanden/ an statt Germaniens den alten eigentlich zukommenden Ost-Fränkischen Namen wiederum an seine vorige Stelle zu verhelffen. So viel aber ist es/ daß/ dessen ungeachtet/ dem Reich noch diese Stunde frey und bevor stehet/ selbigen samt dem Lilien-Schild (dann über das Wappen ist ein gleiches Verhängnus wie über den Namen gekommen) wo und wann es Ihm beliebet/ wiederum herfür zu zichen. Gallien herentgegen hat seinen Fränkischen Namen/ in deme es nichts Würdigers dafür einzusetzen gehabt/ nothwendig beybehalten müssen; Wobey jedoch nicht ausser Acht zu lassen/ daß Francois, Franzos/ keines Weges einen Franken oder Francum/ sondern allein einen Francigenam, oder Fränkischen Abkömmling ausdrucke. Ferner/ und zwar zweyten Orts/ hilffet zu oben-ermeldetem falschen Wahn/ der Irrthum/ ob hätten unter Pharamundo, Chlogione, oder Meroværo alle Franken mit Verlassung ihrer Altvätterlichen Sitze disseit Rheins/ sich nach Gallien verwandlet/ und erst nach dessen Uberwältigung sich auch Teutschlands bemächtigt. Es ist aber nichts unerfindlicher als dieses: Dann die Franken ihre ursprüngliche Sitz am Mayn und in Hessen in keinerley Weise noch Wege/ die zwischen dem untern Rhein und der Weser aber nicht allerdings verlassen/ sondern meistens nur ihre König und Kriegerische Mannschafft über Rhein in Gallien geschickt. In ihren Teutschen disseitigen Ländern aber ist je und allweg gleichsam das Herz und der Mittel-Punct ihres Reichs verblieben/ von wannen sie um sich greiffend/ erstlich Gallien/ hernach das übrige Teutschland/ so vorhero noch nicht Fränkisch gewesen/ nemlich Alemannen/ Thüringen/ Bayren/ Sachsen/ Friesen/ darauf die Wendische Land ꝛc. an sich gebracht/ und gleichsam ihre Zwinger dadurch weiter hinaus geleget; wie sie dann ferner auch zu deren Beherrschung ihren uralten Fränkischen Adel in dieselbige aller Orten hin gleichsam ausgestreuet/ hie und da auch eine Art von Colonien aufgerichtet. Zugeschweigen/ daß auch die wenigste über Rhein nach Gallien gewanderte Franken/ bis in Neustrien oder Westgallien häuslich gelanget/ sondern mehrentheils um die Mosel/ Maas/ Rhein und in denen Niederlanden/ ansässig behangen geblieben/ welche Länder hernach alle zum Ost-Fränkischen Reich geschlagen worden. Von gleicher Nichtigkeit ist drittens der Irrwahn/ ob hätte Chlodovæus M. durch die den Alemaniern im Gülcherland bey Zulpich angebrachte gewaltige

Nieder-

Niederlag alle Teutschen unter sein Joch gebogen / da doch solches allein die Schweitzer/Schwaben und Elsasser/und zum höchsten noch einen Theil Frankenlands auf den mittägischen Ufer deß Mayns betroffen; anbey die Franken auf dessen rechter oder Norder-Seiten samt den Hessen und Unter-Rheinischen/ dazumal so gar auch mit Chlodovæo gestanden und gefochten. Viertens hat zu dem Irrthum geholffen/daß die Fränkische Könige vor Zeiten ihr ordentliches Hof-Läger in Gallien verlegt; da doch solches allein wegen mehrer Lebens-Bequemlichkeiten / indeme dazumal Teutschland mit schlechten Städten versehen gewesen/ beschehen / so aber diesem an seinen andern Vorzügen nichts benehmen können / zumahlen sich die Königliche Haupt-Sitz nicht immer in Neustrien und zu Pariß/ wie man die Welt zwar gern weiß machen wollte/ sondern guten Theils auch in denen nach Ost-Franken gehörigen Austrasischen Ländern befunden. Uberdas auch wann Paris damit geehret worden/ es doch nimmermehr von so grossen und gerühmten Vorrecht/ wie man Ihm jetzund beylegen will/ gewesen ist. Und wann je ein Königlicher Hof-Sitz oder Residenz dem innerlichen Wesen eines Königreichs etwas zuwerffen mag: so ist es weltkündig/ daß unter Carolo M. und Ludovico P. für allen aber zu Zeit offtgemeldter grossen Theilung/ die Königl. Fränkische allgemeine Haupt-Stadt bey dem noch heutigen Tag zum Teutschen Reich gehörigen Aachen gestanden / so dannenher noch jetzund der Königl. Stul genennet wird; mit welchem dann aller gerühmter Vorzug auf das Reich Lotharii, und durch solches auf das Ost-Fränkische gelanget seyn würde / angesehen man sich nach deme / so zu Zeit der grossen Theilung sich befunden / und nicht nach denen vorhergehenden Zeiten dißfalls zu achten hätte. Von dem Gedicht/ als ob die Franken noch vor Christi Geburt aus Gallien in Teutschland gerücket/ von dannen nachmals wiederum in Gallien gekehret wären/ woraus etliche eitele Gallier auch einen Vortheil erlauffen wollen/ will ich nichts melden; dann es nicht werth ist/ deßwegen ein Wort auf die Erden fallen zu lassen. Und so viel sey kürzlich gedacht/ von dem wahren Königreich der Franken/und wo solches nach jener grossen Theilung hingediehen sey/ bis etwan eine umständlichere Ausführung solcher edlen Frag für den Tag gelangen wird. Es hat sich aber über sothane Theilung das heutige Frankreich/ oder vielmehr West-Gallien in/ wenigsten nicht zu beklagen/sondern vielmehr zu erfreuen/massen es sein ganzes Wesen derselben zu danken hat; Anderst es noch jetzund eine Zugehör unsers Teutsch-Fränkischen Reichs seyn würde. Dahero wann jemand Beschwernus dagegen einzuwenden hätte: müste es dieses unser Königreich Germanien seyn/ von welchen West-Gallien sein ansehnlicher Theil abgerissen worden. Woraus demnach sich ergeben muß/ daß alle in dieser Streit-Frag von denen Franzosen zu ihrem / als anmaßlich wahrer Franken / vermeinten Behelff / auf die Bahn gebrachten Gründ / wofern sie von einiger Erheblichkeit seyn könten/ einig und allein für Teutschland fechten / und selbigem die Herrschafft über das heutige Frankreich oder West-Gallien zueignen würden; Weit davon / daß dadurch

dadurch ihnen Franzosen einige Gebühr über Teutschland könnte errungen werden.

XXVII.

Nun aber zum Schluß zu kommen / so bleibet ein für allemal vest und unverrücklich / daß wer mit Fürschützung einer rechtlichen Gebühr auf Austrasien / sich auch nur eines Fusses breit von denen Uber-Rheinischen Reichs-Ländern anmasset / solcher seine Zuspruch nach dem Richtscheid der Französischen Dependenzien allzugleich auch über das vollständige alte Königreich Austrasien / nehmlich das gantze Teutschland / mit begriffen die Vereinigte Niederland und Schweitzerbünd / nachgehends auch über Pohlen / Preussen und Liefland / endlich über Dännemark erstrecken müsse. Nicht weniger vest und sicher ist es auch / daß auf den Weeg / als die Franzosen das Werk / in Lothringen / Elsaß und am Saarstrohm / wo nun allein noch das heutige Austrasien bestehet / und anderswo angreiffen / solches lediglich und gerad zu auf Austrasien gemünzet sey. Maimbourg in seiner Historia Lutheranismi p. 3. l. 2. ad ann. 1552. gehet darüber fein aufrichtig heraus. Le Royaume d'Austrasie, spricht er / (estoit) un des principaux membres de ce grand corps de la Monarchie Francoise, à la quelle après en avoir esté separé par les divisions de nos ancestres, sur la fin de la seconde race, Lovys le grand, le plus victorieux des Roys de la troisiesme, l'a heureusement reuni de nos jours, presque tout entier, en poussant ses conquestes depuis la Meuse jusqu au Rhin & mesme au dela. Mit ebenmässiger Freymüthigkeit will er bald hernach / die drey Stiffter Metz / Thull und Verdun seyen der Cron Frankreich im Westphälischen Friedenschluß mit allen / auch den alten Dependenzen / überlassen worden. Ich bedaure zwar das Unglück Maimbourgii, daß er den Westphälischen Frieden anführet; den er wenig gelesen / sonsten er / was gedachte Städte und Stiffter angehet / schwerlich eine Meldung der Dependenzen weder alten noch neuen würde gefunden haben. Ohne ist es nicht / daß eine Sache mit ihren Dependenzen kan übergeben werden / ob auch deren gleich keine Meldung geschiehet / aber alsdann ist solches gantz enge / und in alle Weege nur von gegenwärtigen Dependenzen / und über die man annoch grünendes Recht hat / zu verstehen. Daß aber auch die alte / das ist / die / so nach den Rechten deß Landes / worunter die übergebene Sache gestanden / vorlängst davon abkommen / darunter mitzunehmen / wann deren nicht ausdrückliche Meldung beschiehet / solches streitet wider alle / nicht allein Jurisprudenz, sondern auch Theologie. So gar / wann auch sothane Meldung fürhanden / entstehet noch die grosse Frage / ob sie in præjudicium tertii possessoris ignorantis, nec consentientis, zumalen / wann er unter keines der Contrahenten Bottmässigkeit begriffen ist / von einigen Kräfften seyn könne. Dem sey aber wie ihm wolle / so folget / daß die Französische Dependenzen entweder sofort gleichfalls über alles übrige Austrasien disseit Rheins zu ziehen / oder aber auch von dem jenigen / was sie albereit berücket haben / wiederum nachgeben / einfolglich an Kräfften und Gültigkeit allerdings zerfallen / und sich für

aller

aller Welt als untüchtig und nichtig darstellen müssen; dann einmal beyder Seiten einerley Ursach waltet. So gewiß aber dieses letzte von dem allzubekannten Glimpff und der Sittsamkeit unserer feindseligen Nachbarn nicht zu hoffen: so gewiß und unfehlbar ist jenes zu gewarten. Derowegen bleibt jedermänniglichs Ermessen anheim gestellet/ wie man sich bey solcher Bewandnus zu nehmen habe. Betrogen seynd ein und abermal alle die jenige/ die sich durch ihre übergüldete Haus-Oracula bereden lassen/ das Wetter werde sich in den Rhein ergiessen; Ihre Hütten werden disseits vor demselben bedecket stehen; Der nachbarliche Land- und Leut-Hunger/ werde sich durch einen so ansehnlichen Bissen begütigen lassen. Dann wofern dem gleich also seyn möchte/ so könnten dannoch/ ohne den schändlichen Nachklang einer Treulosigkeit/ so viel treffliche und getreue Mitglieder deß Reichs unter den Klauen eines angemassten neuen Weltzwingers so liederlich nicht gelassen werden; und weiß ich nicht/ ob ein helles Zeichen eines umgekaufften Rathgebers/ als dergleichen Einrath möge für den Tag brechen. Es würde aber auch ohne dem bey dem Rheinstrom sein Verbleiben nicht haben. Wie einfältig würde man doch den Bauren schelten/ der dem Fuchs den Gänsestall aufsperrete/ in der albern Einbildung/ ob könnte er von demselben durch solches höfliche freye Gelag künfftig hin seinen übrigen Gänsen und Hünern die Sicherheit erhandlen? Aber sprechen sie/ es geschehen gleichwol theuere Versicherungen/ ewigen Frieden und Freundschafft mit dem Römischen Reich? O der gottlosen Bosheit solcher Rathgeber/ die es weit besser verstehen! O der thörichten Einfalt solcher Herrn/ die ihren Glauben zulegen würden! seynd nicht dergleichen theure Versicherungen bereit so offt im Angesicht der ganzen Christen-Welt geschehen/ und doch niemal einen Augenblick länger/ als es das Französische Interesse gewolt/ damit zugehalten worden? Man müste in Warheit nur neue Eydschwür/ neue Heiligthum/ neue Heilige Sacramenten/ einen neuen GOtt erdencken/ an welche die Franzosen mehr Respect/ als die bisherige/ trügen/ um durch sie zu Haltung ihrer Zusagen und Eydschwür mehr als bishero gebunden zu werden. Aber vielleicht hoffen etliche in einer kurzen Friedens-Frist sich dergestalt in die Wehr zu setzen/ daß hernach nicht nur ein Schwerd das andere in der Scheiden halten/ sondern auch das Verlohrne wiederum möge herbey gebracht werden? Ich antworte: Daß vielleicht unter andern eben ein solcher Bewegungs-Grund uns den Niemägischen Frieden möge verursachet haben. Wie schön man sich aber der gehabten Frist bedient habe/ ligt am Tag; und was uns künfftig davon zu hoffen stehe/ ergibt sich zum theil aus deme/ daß man sich noch nicht vergleichen kan/ auch schwerlich vergleichen wird/ ob die veranlasste Reichs-Verfassung auf ewig/ oder nur auf ein paar Jahr zu schliessen; und ist Teutschland/ leider! allzugewohnet/ sich in die Waffen anderst nicht bringen oder darin erhalten zu lassen/ als durch die äusserste Noth/ welche meines Bedünkens/ wann sie jetzund nicht groß genug ist/ künftig wol schwerlich grösser seyn wird. So wird sich auch Frankreich seiner Friedens-Frist weit besser als wir zu bedienen wissen/ und uns deren länger nicht geniessen lassen/ als bis das Abgenommene so fest gemacht/ daß wir nachmals an der Nuß all unsere Zähn stumpff beissen müssen; bis die unirte Niederländische Provinzen/ (von den Spanischen will ich nichts sagen; dann die seynd ohne dem bereit im Rachen) und die Italien gleichfalls hingerafft/ und die Schweitzer ganz in das Horn geblasen seyn werden. So dann wird sich von Jahr zu Jahr eine Ursach an uns vom Zaun herab müssen reissen lassen/ und wir gefragt werden/ wie theuer wir abermal eine Frist erhandlen wollen? und solches so lang und offt/ bis nicht ein Fuß breit mehr deß freyen Teutschlands unter dem Himmel zu finden seyn wird. Wann es doch einmal soll gefochten seyn/ so ist es je besser jetzund/ da wir noch von aussen her Mitfechter zu gewarten haben/ als hernach/ da wir allerdings blos und allein stehen werden. Oder/ wann es je soll verdorben seyn/ so ist es ja besser/ sich hundert mal mit dem Degen in der Faust lassen in die Pfann hauen/ als wie die Schaf einen nach dem andern abmetzeln lassen. Dieses seynd die liebliche Früchte der theuren Versicherungen/ welche freilich mit den allerherrlichsten Worten werden aufgezogen kommen. Aber wollen wir uns durch herrliche Wort bethören lassen? welche betrügliche Sirenen hat jemal ihr bezauberendes Lied dem Menschen zu gut angestimmet? Vögel zu fangen hab ich wol ehemal die Pfeiffe zur Hand genommen/ nimmer aber bin ich mit den Händen darein gefallen; bevor das Garn zugezogen. Eine Raub-hungerige Hyena pflegt ihr natürliches Wolffs-Geheul in menschliche Stimm zu verwandlen. Warum solte dann ein betrüglicher Mensch/ seinen Nächsten zu hinterführen/ nicht reden/ wie es der Unglückseelige für dasmal gern höret. Niemal ist von Zauberern vernommen worden/ daß sich ihnen der Menschen-Feind das erstemal in scheußlicher Gestalt/ sondern vielmehr als einen Engel deß Liechts dargestellet/ bittere Dinge werden überzuckert/ auch wol mit Gold überzogen. Gifft pflegt in den niedlichsten Speisen/ und in dem allerlieblichsten Getränk beygebracht zu werden. Wie dieses also seynd beschaffen die liebliche und glatte Worte/ die in lauter Gold-Pillen beygebrachte saubere Bewegungs-Gründe/ womit Teutschland in seinen fürnehmsten Gliedern also zu betäuben gesucht wird/ daß es seines für der Thür wartenden Untergangs unbesorgt bleibe; Womit man unsere fürnehmste Häupter unter die jenige albere Art Leute zu verwerffen sich unterwindet/ von denen der Römische Tullius vorlängst gesprochen: Cœteros nôsti, qui ita sunt stulti, ut amissâ Republicâ piscinas suas fore salvas sperare videantur, wann nur indessen die theure Versicherungs-Meckler ihre Monatliche Provision ziehen. Und eben dahin gehören auch die heimliche Trost-Einsprechungen/ ob sey das Gewitter nicht auf das Reich angesehen/ sondern allein dem Haus Oesterreich zuvermeinet; gleich als ob Oesterreich nicht zum Reich gehörte/ oder als ob dessen Grundrichtung nicht die Thür zu dem unvermeidlichen Untergang deß Reichs in der Hand führete. Aber das seynd vergebliche Anschläge/ die dem Ahitophel an seinen Hals kommen werden.

Quæritis Austriacam frustra convellere gentem?
Nutat, sed nunquam concidit ista Domus.

Sein

Sein Stehen und sein Fallen / beruhet allein in der all-waltenden Hand GOttes; welche auch zu gefälliger Zeit von Teutschland die Schand abwischen wird / damit man nicht mehr sagen könne: Ein Schweitzerischer Bauer sey mächtiger und besser dran / als ein Teutscher Reichs-Stand; weilen das Unrecht / so jenem widerfähret / seine Rächer in allen Schweitzern finde; da herentgegen in Unterdruckung eines unglückseeligen Reichs-Stands die übrige / wo nicht theils heimlich lachen / wenigst alle still sitzen / und sich um den Schaden Josephs wenig bekümmern / noch die Augen aufthun / bis die Reihe auch an sie komme. Ich meines Orts wünsche meinem werthen / anjetzo so bedrangten Vatterland von gantzen Hertzen / daß der eine Zeit her / wie es fast scheinen will / von ihm entwichene Geist deß Raths / der Stärke / und der Eintracht / wiederum auf dasselbe kehre; damit es forderist seine Kräfften vernünfftig erkenne / und dann fein mit einhelliger Zusammensetzung anwende. Sie seynd GOtt Lob / so erlegen noch nicht / daß sie nicht auf den Nothdurffts-Fall nicht nur einem einigen mächtigen Nachbarn / sondern auch wol dem Auf und Niedergang zugleich gewachsen seyn könten. Weme dieses vielleicht in den Ohren / als etwas Unglaubliches lauten will / der gedenke zurück / wie hoch eine Reichs-Verfassung von viertzigtausenden bey jedem Crais in der Repartition anlauffe? Ob nicht die jenige / denen acht tausend Mann zugeworffen werden / auch viertzig tausenden bastand wären? ob nicht die / deren Antheil nur auf vier tausend hinaus langt zwantzig und mehr tausend zu stellen und zu erhalten fähig? ob nicht durchgehend wenigst das fünffache Quantum geraumlich und ohne äusserste Angreiffung zu ertragen? wer noch zweiffeln will / der nehme abermal in Rückerinnerung was ein und anderer Crais in nechst-verwichenem Kriege in der That leisten müssen; was hie und da ein Chur- oder Fürstliches Haus / zeitherige kurtze Friedens-Frist würklich / und nicht mit Hülff nachbarlicher Quartier / sondern aus dem Seinigen / auf den Beinen beybehalten / und fürohin beyzubehalten die erkleckliche Anstalt gemacht. Ob dann gleich ein oder anderer allschon halb weggerissener Crais mit dem Seinigen völlig zu zuhalten nicht vermöchte / einige auch deß Ihrigen zum theil daheim bedörfften: so wäre zu bedenken / daß auch das Reich / wann man nur bald dazu thäte / nicht allerdings blos stehen / sondern seine getreue Mitkämpffer an denjenigen finden würde / denen die allgemeine Gefahr noch näher / als uns / zu Hertzen gehet. Ich wünsche / daß Teutschland solche seine unvergängliche Stärk / zu seiner eigenen jetzund so nothwendigen Heilmachung nunmehr gleich / da es noch Zeit ist / nicht aber alsdann erst erkenne und gebrauche / wann es dieselbe (wie der Rhein und Moselstrom auch die Maas / grossen Theils allschon zu thun gezwungen) auswärtigen Weltstöhrern zu Behuf / andern freyen Völkern seinen Nachbaren aber zu Schaden und gleichmässigen Untergang / gezwungener Weise wird herleihen müssen. Hie ist Rath / hie Muth / hie für allen Dingen ein einmüthiges Vertrauen und Zusammensetzen nach dem Beyspiel unserer heldenmüthigen Voreltern / jener trefflichen Leut / vonnöthen / wann sich noch ein Blutstropffen in unsern Adern von ihnen herrühmen will. Ich sage der jenigen alten Teutschen/ die sich auf langweiliges unnützes temporisiren/ correspondiren/ conferiren/ laviren/ dissimuliren/ nachsehen/ federfechten/ Frist nehmen/ güttliches Abschicken/ interponiren/ congress-halten/ informiren/ deduciren/ remonstriren/ contestiren/ protestiren/ neutralisiren/ (welches ein vornehmer Mann nicht übel dem Ehebruch verglichen/ wo man zwar einander Pflicht leistet/ doch Fremden auch mittheilet) wenig verstanden/ sondern sobald sie das Recht auf ihrer Seiten erkennen/ den unbillichen Widersacher fein trostmüthig unter Augen getretten/ und den Ausgang GOtt und der Spitze deß Degens heimgestellet. Welche redliche Entschliessungen dann von oben herab gemeinlich dergestalt gesegnet worden/ daß unter denen eines verewigten Lobs nunmehr theilhafftigen Ottonibus, Henricis, Rudolphis, &c. kein hochmüthiger Praler/ er sey gewesen wer er wolle/ sich eines Fusses breit von Teutschland anmassen dörffen/ ohne den Rhein und die Maas mit Teutschen Strohhütten/ das ist/ mit so viel dapfferen und versuchten Teutschen Helden bedeckt/ sich aber wiederum in das Loch/ wo er hergekommen/ mit Spott und Nachtheil/ zurück gewiesen zu sehen. Werden wir nun solchen theuren Helden und deren getreuen Mitfechtern unsern Vor-Eltern darinnen gleich werden: so wird der allgemeinen Wolfahrt und der Freyheit deß Vatterlands wol gerathen seyn. Wo nicht/ und so fern wir die fürtrefflichste Reichs-Länder zu scheitern gehen lassen/ um willen wir disseit Rheins mit unsern Hütten im Trockenen zu stehen uns einbilden: so werden besorglich unsere Vor-Eltern die Unartigkeit unser als ihrer Nachkommen/ unsere Nachkommen die Freyheit unser als ihrer Vor-Eltern/ jene auch ihren Schweiß und die saure Mühe/ womit sie uns die gegenwärtige verführerische Bequemlichkeiten errungen; aus der Erden herfür verdammen/ und uns den Segen zum Fluch machen. Geringe und mittelmässige Leut zwar/ denen es endlich gleich gelten muß/ für weme sie sich biegen/ finden auch zuweilen im allgemeinen Untergang noch einigen Trost; zumahlen die/ so nach dem Mas ihres Vermögens/ ihrem Beruff dabey nachgelebet. Die jenige Grösse aber/ so der ihnen empfohlenen allgemeinen Frey- und Sicherheit/ aus sonderbaren eigennutzigen Absehen/ oder Verleiten ihrer Diener/ wider Verhoffen übel würden gehütet haben/ und nach deren Verlust für allen andern/ es sey in eigener Personen/ oder in ihren Nachkommen/ wie es dann gewißlich auf einen oder andern Weg nicht ausbleiben konte/ in den Staub gedruckt werden: Diese/ sage ich/ würden am Ende von Freund und Feinden ein allgemeines Ridebo in interitu eorum, zu gewarten haben. Und wann so dann/ wie sicherlich gar bald beschehen würde/ sie ihr Unglück und Unvorsichtigkeit beweinen solten/ würden andere mit Hannibal lachen und sprechen/ daß es dazumal Weinens-Zeit gewesen/ als man zu einer Urquell alles Ubels/ den Rheinstrom/ und was jenseit desselbigen belegen/ gutwillig hab lassen verlohren gehen. Doch wolle der Jenige/ von dem das Wohl und Wehe aller Königreich und Völker herkommet/ durch Erleuchtung ihrer Hertzen und Gemüter verleihen/ daß solches betrübte Lachen mit einem frölichen Jubel über den gestürtzten Hochmut unserer Nachsteller möge umgetauschet werden.

Kurzer

Kurzer Innhalt
dieses Berichts von Austrasien.

I. Ankunfft der Wörter Auster, Austria, Austrasia.

II. Ihre dreyerley Bedeutung.

III. Derer erste das halbe Theil der ganzen Fränkischen Monarchie von der Maas gegen der Sonnen Aufgang begriffen.

IV. Die andere aber zwey einzele Provinzen / jen- und disseit Rheins in vorermeldtem Austrasien ausgedrücket.

V. Die dritte ein gewisses Fränkisches Königreich solchen Zunahmens dargestellet.

VI. Fürnehmster Verlauff mit dem Königreich Austrasien von dessen er- [illegible] zum Herzog in Austrasien.

[illegible] erstlich von denen Lombardischen.

VIII. Zweytens / von den West-Gallischen / als Champagne, Poictou, Limoges, Touraine, Gascogne, Burgund / Provence, Orleans, Auvergne, &c.

IX. Drittens von den Ländern disseiten der Maas und Ardennes; erstlich jenseit Rheins / von dem Niederland / Herzogthümern Gülich / Cleve / Lothringen / Moselstrohm / Unter-Pfalz / Mainzer / Wormbser und Speyergaw / samt dem Elsaß.

X. Ferner von den Teutschen Austrasischen Ländern disseit Rheins insgemein.

XI. Hernach absonderlich von der Schweitz und Schwaben.

XII. Von Bayern / Oesterreich / Steyr / Kärnten / Tyrol.

XIII. Von Thüringen.

XIV. Von Sachsen / Engern und Westphalen / wie auch Friesen und Holland.

XV. Von Franken / Hessen / dem Wester-Wald / der Wetterau / rc.

XVI. Noch zwey Zeugnüssen / mit welchen erwiesen wird / daß alle disseitige Teutsche Länder bis an Ungarn / den Böhmer-Wald / und die Elbe / zu Austrasien gehörig gewesen; worunter Königs Theodeberti I. Schreiben an Käiser Justinianum.